ALBAN DUBET

Les
YSTAGOGUES
CONTEMPORAINS

SOUVENIRS ET IMPRESSIONS

PRIX : **3 fr. 50**

PARIS
Société des Imprimeries Techniques Francis LAUR
8, Rue du Débarcadère
et Librairie Spiritualiste et Morale
3, Rue de Savoie

LES
MYSTAGOGUES
CONTEMPORAINS

ALBAN DUBET

Les MYSTAGOGUES CONTEMPORAINS

SOUVENIRS ET IMPRESSIONS

PARIS
Société des Imprimeries Techniques Francis LAUR
8, Rue du Débarcadère
et Librairie Spiritualiste et Morale
3, Rue de Savoie

Aux Maîtres Inconnus.

En témoignage de ma respectueuse reconnaissance.

Alban DUBET.

MYSTAGOGUES CONTEMPORAINS

CHAPITRE PREMIER

La Libre Recherche

I

Si je me suis résolu à livrer au public intellectuel mes impressions et souvenirs, ce n'est pas pour la vaine satisfaction de mettre en relief ma modeste personnalité ; ce n'est pas davantage pour enseigner une doctrine ou une philosophie.

Je me propose de présenter au public, suffisamment familiarisé avec la psychologie expérimentale, le monde spirite et occultiste, au milieu duquel j'ai vécu, ses théories et ses expériences, ses prétentions et ses systèmes. Je tâcherai de dégager de toutes ces élucubrations l'inconnu, qui doit être le connu, le mystère qui doit être divulgué.

En étudiant son entourage, l'homme s'étudie lui-même dans sa dualité sensorielle et intellectuelle, affective et nouménique : il cherche à se rendre compte de ce qu'il est, de ce qu'il désire, de ce qu'il peut et de ce qu'il veut ; il analyse ses sensations, ses aspirations ; il fait la description anatomique de son individualité, il cherche son but et sa raison d'être, en tâtonnant à travers les fils invisibles de ce réseau psycho-physiologique qui l'enveloppe de toutes parts ; il demande à la nature, aux hommes, au passé, à tout ce qui l'environne, l'explication rationnelle de la vie, qu'on a dépeinte sous toutes les couleurs, sans pouvoir en fixer exactement le sens ni l'orientation.

La justice criminelle, avant de prononcer un arrêt, veut connaître dans tous ses détails la vie de l'homme traduit à sa barre. Je suis un accusé et aussi un accusateur, et je comparais volontairement devant le tribunal de l'opinion publique. Je plaiderai et je poserai des conclusions.

Comment serai-je jugé ? Sur quoi le public hétéroclite appuie-t-il ses arrêts ? Sur ses propres impressions et sur ses préjugés. L'idée pure lui échappe ; l'abstraction le laisse indifférent ; il veut des faits ; mais il veut qu'on les lui explique. Il doute, il opine ou il croit ; il fait des hypothèses ; il érige des systèmes et il s'éprend de tout ce qui exalte son imagination. La raison qu'il se flatte d'écouter et devant laquelle il ploie le genou n'est souvent qu'un mot dont il masque ses rêves et ses fantaisies.

Quelques esprits pondérés sur qui l'imagination a peu de prise et dont ils se défient, suspendent leur jugement et attendent tantôt patiemment, tantôt fiévreusement, que la certitude leur apparaisse dans toute sa simplicité. Ils n'aiment pas ce qui est compliqué, tortueux ; le sphinx leur propose en vain des énigmes ; ils passent indifférents.

Les uns demandent tout aux sens, à l'âme, ils veulent jouir et n'attendent de la vie que le plaisir et les émotions qu'ils cherchent sous toutes les formes, dans l'art, la littérature, le roman, la fiction.

D'autres, esprits didactiques et scientifiques, négligent l'art, le beau, pour la connaissance, le vrai.

Les premiers attirent, séduisent, charment, ensorcèlent, les seconds repoussent, rebutent, déconcertent. Ne saurait-on rendre le vrai aimable ; ne saurait-on donner à la science et aux spéculations philosophiques la grâce et l'attrait ? Pourquoi la science a-t-elle cet aspect rébarbatif qui est cause que la masse s'éloigne et préfère la fable ? Et cependant, les fables, même les plus ingénieuses et les plus poétiques sont mille fois au-dessous de la vérité, comme attrait.

La grâce est plus belle que l'afféterie ; la vérité est plus belle que la fiction. Elle est sans fard, sans oripeaux ; mais on est si habitué à la voir habillée à toutes les modes que, présentée toute nue, dans sa splendeur originelle, elle risque d'être prise pour la folie.

Les hommes ont toujours vécu de rêves, de mensonges, de chimères, et suivant les siècles et les milieux, ces rêves, ces mensonges et ces chimères ont revêtu les aspects les plus ondoyants. C'est toujours la Folie agitant ses grelots dans la multitude qui court après elle, en sifflant, en huant, en applaudissant, en riant et en pleurant. C'est toujours la même humanité, malgré les différences de races et de couleurs.

Les philosophes, depuis l'antiquité la plus reculée, ont crié sur tous les tons et dans toutes les langues : *connais-toi toi-même*; l'homme s'ignore toujours et il semble qu'il se complaise dans cette ignorance.

A tous ceux qui veulent parvenir à cette connaissance, je me bornerai à dire : fuyez le monde, isolez-vous pour un temps, méditez dans le silence, arrachez votre esprit et votre âme aux influences natives et aux milieux où ne croissent que le préjugé et le conventionnel. Ayez la résolution ferme de n'écouter que la voix intérieure qui est raison, bonté, simplicité, vérité. Si vous n'êtes pas capables de cet effort, fermez ce livre. Il ne vous dira rien ou vous troublera inutilement.

II

J'ai été élevé dans la religion catholique par des parents dont la piété et la foi ne dépassaient pas la commune mesure ; c'est dire que les préoccupations de la vie terrestre l'emportaient tant soit peu sur celles de la vie future. Ils étaient certainement ce qu'on appelle des croyants, mais ils reléguaient la vie future au second plan et estimaient qu'être honnêtes selon le monde, c'est assez pour s'assurer une place parmi les élus.

Mon enfance, jusqu'à douze ans, ressemble à toutes les autres. J'étais d'un naturel vif, impétueux, mais doux et facile. D'une très grande sensibilité, tout ce qui aurait passé inaperçu des autres m'affectait profondément. Le murmure d'un ruisseau, la feuille qui tombe, l'oiseau qui sautille sur les branches, les moindres choses éveillaient en moi des sensations, des émotions et des aspirations. La pompe du culte, les cérémonies religieuses faisaient vibrer dans tout mon être la lyre du sentiment et exaltaient mon imagination.

Au moment où j'allais recevoir le plus auguste des sacrements, l'Eucharistie, je ressentais des émotions inconnues ; les cantiques, les exhortations, les lectures pieuses, celle de *l'Imitation de Jésus-Christ* me précipitaient dans un monde d'idéalités et de mysticisme qui m'inspirait le dégoût des vanités, mais aussi des réalités de la vie. Si j'eusse été placé dans un séminaire ou dans un établissement religieux quelconque, j'eusse été attiré fatalement vers le cloître qui eut refermé sur moi comme sur tant d'autres, ses portes mystérieuses au seuil desquelles viennent expirer les bruits du dehors.

Tout en poursuivant mes études classiques, je ne cessais de méditer sur les grands problèmes de la destinée humaine. J'étais peu communicatif, peu expansif. Mes pensées appartenaient à un ordre d'idées et de choses dont on ne s'occupe que peu ou point à cet âge. Jusqu'à l'âge de vingt ans, je fus presque constamment seul. Je lisais, je lisais, je notais mes impressions ; mes lectures philosophiques et romanesques m'éloignaient de plus en plus de mes camarades et de leurs jeux.

A mesure que je grandissais, je me sentais pris de la fièvre d'examen. Voilà bien l'écueil contre lequel viennent se briser tant d'existences, quand elles manquent de direction ! Certains dogmes me semblaient inadmissibles ; certains prétendus principes de philosophie universitaire ou autre me paraissaient de simples hypothèses que rien n'étayait. Je connus dès lors la lutte de la raison contre le préjugé et le convenu, les combats intérieurs de l'âme contre les désirs. L'Idéal me tourmentait et se glissait dans mes rêves ; je m'efforçais en vain de saisir une réalité ; mes mains ne rencontraient que le vide ou l'illusion.

Aux êtres d'une organisation nerveuse, aux esprits inquiets, aux âmes éprises d'idéal, tourmentées par le rêve, par des désirs vagues, qui confondent dans leur objet Dieu et la Créature, l'Esprit et la Chair, qui sentent plus qu'ils ne raisonnent, qui ne peuvent se définir ni définir quoi que ce soit, qui avancent sans savoir où ils vont, où ils veulent aller, qui cherchent le pourquoi et le comment, qui par instant sont prêts à tout braver, qui, à d'autres, reculent effarés, éperdus, qui voient un abîme ouvert devant eux, sans oser en sonder la profondeur, qui ne savent s'ils doivent avancer ou reculer, la Vie apparaît subitement avec toutes ses séductions, tous ses enchantements, toutes ses luttes et toutes ses angoisses ! L'Ame se cherche sans se trouver : c'est le vertige.

L'amour et l'ambition me faisaient d'âpres morsures. Je voulais devenir grand, je voulais être aimé; mais le doute, la crainte, toutes les faiblesses de l'homme qui cherche sa voie m'écrasaient. Autour de moi, rien pour me guider ou m'éclairer, personne pour me comprendre. J'étais seul, toujours seul en face de moi-même, de mes livres qui ne m'apportaient aucune clarté, aucune espérance, aucun encouragement. Je cherchais la lumière et ne rencontrais que ténèbres; je cherchais le but de la vie et je ne voyais que la mort ; je cherchais un appui et je ne sentais que le vide partout ; je poursuivais l'idéal et je ne saisissais que des chimères ; je cherchais la vérité et je me heurtais de toutes parts à l'erreur. Etait-ce la voix de Satan, de Satan-Protée, qui m'appelait ?

« Cette voix est ondoyante et multiple, comme cet univers physique dont elle est l'âme. Elle parle à chacun son langage familier. A l'artiste elle parle d'art; elle parle d'occultisme au mystique et d'intrigue à l'homme d'action. Mais, quoi qu'elle ait dit, toutes les notions confondues laissent l'âme délirante en proie à cette seule conviction qui la ronge comme un cancer : tout est vain, rien n'est sûr. — Et de ces chaos d'incertitudes se dégage un dernier concept impératif, péremptoire : l'urgence de l'abdication morale et individuelle (1) ».

Ce Protée, cette âme des sens ne s'incarne-t-elle pas dans toutes les individualités ? Et chaque individualité n'est-elle pas elle-même un Protée ? En vain veut-elle se fixer ; le changement est sa loi, jusqu'à ce qu'elle parvienne à saisir l'idéal et à vivre en lui. Mais, pour l'atteindre, il faut lutter contre soi-même, contre l'ambiance, contre la vie, contre la mort. Celui qui s'abandonne est perdu ; il devient le jouet des forces les plus subtiles de la nature.

Je ne pouvais tirer aucune étincelle du choc des idées que je précipitais les unes contre les autres rageusement. De désespoir, je me jetai dans la mêlée humaine où les passions que j'allais rencontrer finiraient peut-être par étouffer des désirs de savoir et de gloire que je ne pouvais assouvir. Je connus enfin cette société, ce monde de plaisirs énervants et morbides.

« Mon âme délirante était sous le joug de la

---

(1) Stanislas de Guaïta.

chair et du sang, elle était la proie des principautés et des puissances invisibles, des maîtres de ce monde ténébreux. Un enivrant arôme, émané d'en bas, ondule et déroule ses pesantes volutes avec lenteur. C'est une exhalaison lascive et languide flottant dans l'air, elle s'infuse de proche en proche, elle grise et donne le vertige... Le gouffre de l'inconscient! » — L'abîme où l'être usé, dégradé, fini, se noie et se perd sans retour.

Et cependant, une voix intérieure me parlait au milieu du bruit et de l'éclat des fêtes, tantôt sourde, tantôt grave, impérieuse, puissante. Et je ne parvenais à l'étouffer qu'à force d'ivresse. Dans mes moments de répit, bien rares, la voix parlait plus clairement : « reviens à toi, songe à tes destinées ! » Alors je tombais dans l'abattement et la torpeur; puis je me sentais secoué, et des mouvements convulsifs me rejetaient dans le tourbillon fatal. Je voulais fuir; mais des liens invisibles, puissants, me retenaient, m'enlaçaient et m'étreignaient. Oh! la mort, la mort, m'écriai-je ! Cette vie de désordre me faisait horreur; je me sentais mourir et j'étais sans force, désarmé contre des ennemis insaisissables. Cependant le dégoût, la satiété, l'écœurement m'arrêtèrent sur cette pente fatale. Je jetai un coup d'œil en arrière et je frémis. Le remords surgit et le devoir m'apparut, sévère, impérieux. La voix intérieure parla enfin avec une force, une puissance irrésistible.

Je me remis à l'étude. Je lus et relus les ouvrages de psychologie, de métaphysique, de morale ; j'étudiai tous les systèmes, je les trouvai impuissants, incohérents et insuffisants. J'étais avide de vérité et je ne trouvai que doute, sécheresse ou incertitude. Si la forme dogmamatique me déplaisait dans le catholicisme, le philosophisme universitaire ne me satisfaisait pas davantage. A côté d'affirmations sans preuves, des réfutations pauvres et banales, et comme conclusion, ceci : nous savons que nous ne savons rien. — C'est élever le scepticisme à la hauteur d'un principe.

Je retrouvai dans les productions littéraires, romanesques ou théâtrales, la même préoccupation : pourquoi la vie ? Je délaissai la philosophie et ses systèmes et me livrai à l'étude des sciences physiques et naturelles. Qu'allais-je y découvrir ? Des faits, des phénomènes, des lois. Mais n'existe-t-il rien au-dessus des faits et des lois ? La cause, où est-elle ? Mystère ! — Allais-je répéter avec Pascal : abêtissons-nous ! — Allais-je dire avec saint Augustin : *credo quia absurdum !* — Ou bien allais-je m'accommoder du pyrrhonisme, allais-je avec Montaigne reposer ma tête sur l'oreiller du doute, oreiller commode, disait-il, pour une tête bien faite ? Il faut croire que je ne trouvai pas l'oreiller commode ou que ma tête était mal faite. — Jamais je n'y ai pu dormir.

La religion ne me défendait pas ; la philosophie me laissait dans le trouble. Mon intelligence s'égarait, mon jugement était incertain, mon imagination délirait, ma volonté était brisée.

Le hasard me mit dans la main l'ouvrage du P. Marchal, « *L'Esprit consolateur* ». Le titre ne me disait rien et le nom de l'auteur me rappelait les petits traités de morale religieuse à l'usage des gens bien pensants, c'est-à-dire ne pensant pas du tout. J'allais le rejeter sans plus de façon; mais j'étais dans un état de lassitude et presque d'hébêtement, et je pensais que la prose de l'auteur allait amener chez moi la somnolence et le repos. J'entrepris donc cette lecture dans ce but. Je lisais, je lisais toujours, quand je rencontrai ces mots : « Entre ceux qui font semblant de tout croire et ceux qui se vantent de ne croire à rien, je vois une multitude d'esprits élevés, mais inquiets, qui m'inspirent la plus vive sympathie. Ces esprits éprouvent, d'une part, une invincible répugnance pour le nouveau symbole qu'on voudrait leur imposer, mais, d'autre part, ils sont vivement préoccupés de l'Infini, qui les attend. Ils ne demandent pas mieux que de croire, mais il leur faut une foi raisonnable. »

Ma curiosité était excitée. C'était bien mon cas, et c'était bien ce que je sentais, ce que je comprenais, en entendant l'auteur me dire : « quiconque s'acharne à la recherche de la vérité, renonce par là même au repos, à toutes les joies vulgaires. » Le sommeil ne vint pas; toute mon attention se concentra sur ces pages.

Je tombai à genou et je pleurai au récit de cette âme angoissée.

« Ma prière fut un sanglot. Je restai comme évanoui durant quelques minutes, moment suprême et béni où je vis un éclair déchirer la nue. Quand je me relevai, j'étais comme un homme ivre. Le monde, la vie, la mort, Dieu lui-même s'étaient transfigurés devant mon âme éblouie. Je venais de boire à la coupe effleurée jadis par les lèvres de Joachim de Flore. Cette coupe mystérieuse, j'étais prêt à l'offrir au monde, en disant, comme les chrétiens des Catacombes : bois et tu vivras. »

C'est la coupe de l'immortalité, de la vie divinisée, qui verse le bonheur, qui jamais ne s'épuise. Cette transfiguration de l'âme, la voici : « Je crois d'une foi inébranlable à la bonté divine et à l'immortalité de notre individualité vivante. Je crois à la vie progressive de plus en plus intense, de plus en plus libre, de plus en plus heureuse, non seulement sur cette terre, mais dans les champs de l'Infini. Je crois que nous montons vers le bonheur, à mesure que nous montons vers la perfection de l'intelligence par la lumière, et surtout vers la perfection du cœur par la vertu.

« Je crois que tous nous devons être fidèles à cette belle devise : *altiora peto !* Toujours plus haut! ou à cette autre : *ad alta par alta*, vers les sommets, par les pics et les cimes. »

Je lus l'ouvrage d'un trait. Séduit, entraîné, je m'écriai avec l'auteur : oui, toujours plus

haut, vers les sommets, par les pics et les cimes!
Comme lui, je m'échappais des étreintes de la
vie terrestre et je montais, je montais... J'avais
découvert de nouveaux cieux : « je voyais ma
Jérusalem dont le sourire magnétique semblait
provoquer mon essor depuis bien des années
et dont mes douleurs, à défaut de mes œuvres,
me permettront peut-être d'aborder le par-
vis. »

Le livre du P. Marchal reproduit, dans un
style magique, la doctrine du néo-spiritualisme
que je me rappelai, dès cet instant, avoir lue
dans ma prime jeunesse où les tourments
d'une vie qui se cherche, nous livrent à toutes
les divagations sentimentales.

Une ouvrière qui travaillait à la maison nous
apprit à mes parents et à moi, qu'il existait
dans la ville un monsieur qu'on appelait *medium*
et que ce monsieur *faisait parler les Esprits*,
comme elle disait. J'écoutais sans mot dire. Ma
mère s'intéressa tout de suite à ce qu'on appelle
le *spiritisme*. Elle alla consulter le *medium* qui
lui enseigna la manière de communiquer avec
les *Esprits*, selon la méthode d'Allan Kardec,
méthode des plus enfantines. Elle se mit à
l'œuvre et, le crayon à la main, après une
prière et une évocation, elle attendait que l'*Esprit* évoqué (c'était sa mère, son oncle, etc.)
voulût bien répondre. Elle resta deux mois à
tracer des ronds sur le papier; elle finit par
obtenir des réponses. Elle était ce qu'Allan-
Kardec appelle un *medium écrivain*.

Qu'est-ce qu'un medium, me demandai-je ? Un intermédiaire, une personne qui sert de truchement à quoi ? A un *Esprit*. Et cet Esprit, qu'est-ce donc? Allan Kardec nous enseigne que ce n'est autre chose que l'Âme qui a quitté le corps après la mort. C'est d'une simplicité admirable. Mon père se jeta dans le mouvement. Il lut et admira les œuvres du Maître ès-spiritisme, il suivit les progrès médianimiques de ma mère, et tous deux se livrèrent à la pratique spirite, lui questionnant, elle écrivant Je lus également les livres d'Allan Kardec ; mon imagination s'exalta. Je trouvai admirable une doctrine qui considère la mort comme un bienfait, la vie comme une épreuve et après laquelle on peut parcourir en toute liberté les *Champs de l'Infini*.

Nous eûmes tous trois des séances suivies. Je remarquai que les réponses étaient des plus brèves et réfléchissaient les lectures spirites que nous avions faites, ainsi que nos propres opinions. Quand nous posions certaines questions auxquelles nous étions incapables de répondre nous-mêmes, l'*Esprit* n'était jamais embarrassé : « Dieu ne permet pas... C'est un mystère pour vous... » Je commençais à avoir des doutes sur ces prétendus Esprits et ces prétendus messages d'au-delà. Il faut dire qu'à cette époque je n'avait guère plus de quinze ans et que la psycho-physiologie, l'hypnotisme et la suggestion étaient lettre morte pour moi, qu'au surplus ces sciences étaient encore à leur enfance. Néanmoins, j'eus comme une intuition que ces communications pouvaient provenir d'une sorte d'état somnambulique ou d'auto-suggestion obtenu à la suite d'un entraînement automatique. Ces mots, je ne les connaissais pas, mais les idées qu'ils exprimaient, je les eus vaguement. Je fis part de mes réflexions à mon père; il les reçut fort mal. Il était convaincu, subjugué. Quand, à quinze ans d'intervalle, je me rappelle les scènes que nous eûmes à ce sujet, je ne puis m'empêcher de songer aux spirites que j'ai fréquentés dans la suite : ils sont tous frappés au même coin.

L'étude du spiritisme que je repris, à la suite de la lecture de « *L'Esprit consolateur* », me conduisit à celle plus approfondie des doctrines chrétiennes, boudhistes et druidiques, avec lesquelles je comparais celle d'Allan Kardec; les expériences médiamimiques m'entraînèrent à l'examen et à l'étude du Magnétisme et de l'Hypnotisme, qui m'amenèrent également à l'étude de l'Occultisme. Je trouvai partout des vérités mélangées à beaucoup d'erreurs et cependant je sentis que c'était la voie qui devait conduire l'homme à d'importantes découvertes. Mais je dus avant tout me familiariser le plus possible avec la physique et la physiologie qui sont la base de l'ontologie dans toutes ses branches.

Mais je ne pouvais rester sur le fait, sur le

phénomène; la cause et par suite la fin de l'Être devait dominer toutes mes conceptions.

Tous les phénomènes hypnotiques, médianimiques, psychologiques que j'ai examinés, tous les sujets ou médiums, clairvoyants, somnambules, sensitifs que j'ai étudiés m'ont convaincu de ce fait, pour moi, devenu évident, c'est que nous pouvons en développant nos facultés et notre puissance qui est sans borne réaliser toutes les merveilles que l'imagination la plus exigeante puisse concevoir. Mais il faut poser des bases; il faut conquérir les connaissances pied à pied et ne jamais rien remettre au hasard. Cette imagination, faculté précieuse quand elle est contrebalancée par la raison, peut devenir dangereuse et entraîner à toutes les folies quand on la laisse livrée à elle-même. Il faut être maître de soi avant tout; la conquête la plus difficile est celle de soi-même.

Donc, jamais je ne conseillerai à personne de s'aventurer dans des expériences dont on ne prévoit pas le résultat, je ne conseillerai pas même la lecture du moindre traité de science occulte (que ce soit de l'hypnotisme ou du magnétisme) à celui qui n'est pas préparé par de fortes études en psycho-physiologie ou en physique naturelle.

Mais, je le répète et ne saurais trop le répéter, je prie en grâce tous ceux qui vivent exclusivement d'une idée ou d'un système philosophique ou religieux et qui en sont satisfaits, de ne pas s'engager avec moi dans le sentier bordé de précipices où je conduis seulement le lecteur demeuré libre et indépendant.

CHAPITRE II

L'Équilibre

I

Toutes les intelligences ne sont pas aptes aux études de l'occulte c'est-à-dire des causes cachées. Les cellules cérébrales, chez les uns, n'ont pas atteint le développement nécessaire ; chez les autres, elles ont, suivant les milieux, reçu des impressions diverses et se sont fixées sur le concret. Il y a des esprits analytiques, des esprits synthétiques. Les uns vont vers l'abstrait, les autres vers le contingent. Ceux-ci voient des phénomènes, ceux-là des lois, d'autres la *Loi*. L'unité n'apparaît pas à tous.

Par unité, j'entends principe ou principiation de tous les éléments se groupant dans un ordre parfait ; par *Loi* ou *la Loi*, j'entends la norme universelle qui règle et dispose tous ces éléments entre eux dans des proportions mathématiques. La vie, l'intelligence et la matière sont une seule et même substance qui se différencient par les combinaisons variant à l'infini.

A ceux qui s'attardent dans les détails, il faut montrer le plan général. Ne les tourmentons pas cependant. Ils ont leur mission, comme chaque cellule du corps a la sienne. Tous nous travaillons dans un but commun : la réintégration par la connaissance.

L'expérimentation révèle les puissances de l'homme; le magnétisme, basé sur la physiologie, montre les divers états de l'être psychique. Dans le fait médianimique et hypnotique, on observe trois ordres de forces : celles qui proviennent du medium ou du sujet, celles qui proviennent des assistants et de l'expérimentateur, et enfin celles qui proviennent de l'atmosphère et des êtres qui y vivent. Toutes les expériences menées scientifiquement démontrent surabondamment que l'homme est un véritable *cosmos* qui recèle et développe en lui, soit par lui-même soit à l'aide des autres toutes ses capacités, toutes ses énergies et toutes ses potentialités. Il est réellement un *infini*, sans limites dans sa puissance. Il est un composé et une réunion de forces physique, psychique et mentale, de cellules et d'agrégats de cellules qui ont des fonctions diverses et variées, mais qui tendent toutes au même but : la conservation de l'ensemble, de l'être humain tout entier dans sa forme et sa structure. L'homme n'est pas une conscience, il est une réunion de consciences que doit diriger et éclairer le *moi* central de tous ces *mois*, *moi* divin, localisation de l'intelligence et de l'amour universels répandus partout et où ce *moi* central s'alimente, foyer de l'inspiration et du génie, source de vie où toutes les puissances de l'être viennent puiser, principe de l'individualisation; il n'est pas un organe ni un organisme, mais une réunion d'organes et d'organismes; il n'a pas un sens, il en a plusieurs. Il n'évolue pas sur un plan unique, mais sur des plans variés. Le corps est un agrégat de cellules chargées du soin de veiller sur l'ensemble; il est l'enveloppe d'une foule d'enveloppes et de cellules d'états et de degrés variant depuis la matérialité la plus dense jusqu'à la plus subtile.

Tout est vie, tout est matière, tout est intelligence. L'idée est particulière ou générale, il y a des idées dominantes dans chaque fonction, dans chaque organe; ce sont celles qui entraînent ou asservissent les autres au profit du bien-être général ou particulier. Tous ces états, toutes ces idées peuvent être dissociés, analysés, transformés, c'est ce qu'on a observé dans la polarisation psychique ou le transfert de sensation.

« On peut, en excitant les points antagonistes des hémisphères opposés (du cerveau), provoquer des sensations opposées dans les différents côtés du corps.

« Si des facultés antagonistes sont excitées du même côté, la plus forte des deux sera seule en action. (Braid.) »

Mayo (*Nervous system andits functions*) constate « que chaque moitié latérale d'un animal vertébré a une vitalité séparée, c'est-à-dire que la conservation de la conscience dans une moitié est indépendante de sa conservation dans l'autre. »

L'homme peut ressentir toutes les influences ; il les écarte ou s'y soumet. Il les écarte et reste lui-même, quand il a la connaissance, la volonté et la puissance. Il se soumet par crainte, faiblesse ou ignorance. L'homme véritable est celui qui obéit volontairement non à un autre homme, non à un être quelconque, mais à la loi de Justice que lui révèle le *moi* divin intérieur, qui demeure ferme et inébranlable dans l'adversité, qui vient en aide aux opprimés et est toujours prêt à défendre le droit par tous les moyens en son pouvoir. Il doit avoir un but : le développement incessant de ses facultés par l'étude de lui-même et du monde extérieur, la conservation dans son intégralité de tout son être depuis la molécule la plus dense jusqu'à l'atome spirituel, depuis la matérialité la plus solide jusqu'à la matérialité la plus éthérée, en un mot, toutes les cordes de la lyre avec toute la gamme, depuis les sons les plus graves jusqu'aux notes les plus élevées. A cette lyre et à cette gamme, toutes les cordes et toutes les notes sont nécessaires. C'est ainsi qu'il agrandit le champ de sa connaissance et de ses jouissances. Le *Champ de l'Infini*, le voilà : il est l'homme tout entier. En dehors de sa conception, il n'y a rien. Il attire ou il repousse, il forme ou il détruit, il transforme ou il défigure. Il incarne le Beau, le

Bien et le Vrai, trinité idéale, et il s'en inspire. Qu'il regarde en lui-même, il y trouvera Dieu, la Nature, la Loi ; il se sentira un avec le tout, il comprendra son rôle, son but et sa destinée.

Mais les hommes ne sont pas égaux, ils ne sont pas tous au même stade intellectuel et moral. L'analyse nous a fait découvrir que le sang humain diffère du sang des animaux. Peut-être découvrirons-nous un jour que le sang humain n'est pas le même pour tous et que sa composition et sa qualité varient suivant le degré mental de chacun et qu'à chaque status intellectuel correspond un status physiologique particulier. Des êtres de toute nature évoluent à la surface du globe, dans les eaux, dans l'air; leur organisation protoplasmique est identique, mais elle diffère en densité et s'adapte aux milieux où ils ont pris naissance. La terre, les planètes, les constellations sont des centres de force, de vie et d'intelligence autour desquels évoluent des êtres variant à l'infini.

L'homme, à mesure qu'il croît en connaissance et en sensibilité, entre en rapport avec tout son entourage. Mais lui seul a un organisme complet, cosmique, parce qu'il est composé de la matérialité à tous les degrés. Il doit donc être le maître. L'humanité, quelle que soit la planète ou le tourbillon sur lequel elle se trouve, est nantie de plein droit de la souveraineté physique et spirituelle. Elle représente et individualise l'intelligence, la vie et la matérialité universelle qui se sont infusées en elle. Tous ses efforts doivent donc tendre à la suprématie universelle. C'est ce que les mystiques, sans comprendre la portée de leurs paroles, veulent dire, quand ils parlent de la *fusion en Dieu*; ce n'est pas Dieu qui absorbe l'humanité, c'est au contraire l'homme qui incarne la divinité. Ce n'est pas en perdant la personnalité, en perdant quoi que ce soit, que nous nous rapprocherons de l'intelligence impersonnelle et cosmique, mais au contraire en nous gardant invariablement tout entiers, dans notre intégrité, en luttant contre la mort qui, loin d'être un bien, est le pire des maux, parce qu'elle est une mutilation.

II

L'homme complet est celui qui veut, sait, ose et se tait. Le vouloir, sa puissance et ses manifestations, voilà ce qui constitue l'entité humaine ; le savoir, c'est ce qui résulte des progrès accomplis et de l'inspiration ; l'oser, c'est ce qui transforme les mondes et les sociétés. Le silence, c'est l'état de l'homme voulant, sachant et osant, qui écoute la voix intérieure, le divin en soi, qui perçoit les harmonies, qui s'identifie avec l'Absolu et la Raison pure. Il faut être simple ; la simplicité est un des attributs de la Divinité. La vérité est une ; mais elle a des aspects multiples ; l'humanité est une, mais elle est diverse par les races, les nationalités et les individus.

Théologie, philosophie, science, sont les modes de la pensée et de l'évolution ; théocratie, monarchie, république sont les modes de direction sociale ; hiérarchie, individualisme, collectivisme ou communisme, dans toutes leurs nuances, voilà les systèmes d'organisation sociale. Est-ce à dire qu'il faille forcément faire un choix et s'arrêter de préférence sur telle ou telle conception ? Tout est bon, si l'on sait adapter à chaque collectivité ou individu ce qui lui convient et si l'on s'inspire de l'idée de l'unité ou de l'ordre.

L'unité, c'est le centre idéal, d'où tout part, et où tout aboutit. Justice et Charité : voilà pour l'absolu. Justice distributive, vérités partielles, voilà pour le contingent. Il s'agit de ne pas perdre de vue le lien secret qui unit les hommes entre eux et les hommes eux-mêmes à l'Intelligence cosmique. En un mot, il faut avoir un idéal et le placer tellement haut qu'il ne puisse subir aucune atteinte. C'est ainsi que nous considérerons avec une égale sympathie les travaux divers auxquels se livrent les hommes pour élargir le cercle de leur connaissance et de leur bien-être ; c'est ainsi que nous discernerons le bien et le mal, le juste et l'injuste, et que nous pourrons intervenir soit pour réprimer soit pour encourager.

III

Matérialistes et spiritualistes sont en présence. Résumons les deux systèmes.

— Tout est matière, proclament les premiers.

— Non, répliquent les seconds, tout est pensée.

— L'âme est une résultante, affirment les matérialistes, la mort est la dissolution de l'entité humaine ; la vie n'est que la résultante de combinaisons chimiques.

— Erreur, répondent les spiritualistes ; le corps est la résultante de l'âme ; c'est l'entité psychique qui seule vit et anime l'organisme. La matière est inerte. A la mort, il y a séparation : l'âme d'un côté avec ses facultés, le corps de l'autre avec ses organes.

Présentés ainsi, les deux systèmes sont inconciliables et également contraires à la vérité. La vérité est que tout est matière vivante, pensante et agissante, que dans toute matière il y a la vie, le mouvement, l'intelligence et la pensée. Matière inerte ! Il n'y a rien d'inerte. Tout est vivant, depuis le minéral jusqu'à l'homme, jusqu'à la matérialité cosmique la plus éthérée, tout est mouvement, tout est vibration. Dans ce bloc de marbre, dans ce bois, dans cette chair, les atomes se meuvent sans cesse, et quand nous touchons cette matière, ce n'est pas la matière ou plutôt ce n'est pas le corps lui-même que nous touchons ; nous sentons simplement une résistance d'autant plus grande que nous approchons davantage du minéral, d'autant plus faible que nous nous en éloignons davantage : simple question de densité.

« Tout dans l'univers, dans tous ses règnes, est conscient, c'est-a-dire doué d'une conscience qui lui est particulière sur son propre plan de perception. La matière morte ou aveugle n'existe pas plus qu'il n'y a de loi aveugle ou inconsciente.

« L'univers est élaboré et guidé du dedans au dehors. Nous remarquons que chaque mouvement, chaque action ou geste externe, volontaire et mécanique, organique ou mental, est produit et précédé par une sensation ou une émotion interne, volonté ou volition, pensée ou intelligence (1).

Prenons l'homme. C'est un corps organisé qui pense, qui sent et qui se meut : voilà la vie. C'est un ensemble de cellules ayant chacune leur conscience et leur fonction.

Il y a les cellules dites globules épithéliaux, qui sont à la surface des membranes épidermiques; ils sont neutres, absorbants ou secrétants; il y a les globules nerveux qui gisent dans les centres nerveux, dans la substance grise et les tubes; il y a les globules sanguins,

---

(1) Blavatsky (Doctrine secrète).

qui portent dans le corps la substance vivifiante de l'atmosphère et de la terre et le débarrassent des déchets; il y a les globules embryonnaires, qui conservent la forme humaine, produisent et réparent les tissus. La cellule est un être parfait en lui-même, qui contient le protoplasma, lequel est une masse de substance organisée; elle est libre ou incluse dans une enveloppe. Elle est douée de sensibilité, de mouvement, d'élasticité, de contractilité, d'irritabilité. Elle est indestructible en soi; les éléments qui la composent peuvent seulement être dissociés, séparés, transformés.

Chaque cellule, à quelque ordre qu'elle appartienne, quelle que soit sa fonction, pense toujours, a une pensée commune et adéquate à la catégorie à laquelle elle appartient. L'ensemble de ces cellules, de ces agrégats de cellules est l'homme qui subit et provoque tour à tour les phénomènes dont il est le théâtre. Elles sont toutes reliées à des centres, ganglions et plexus, lesquels aboutissent à un noyau principal, le cerveau.

L'homme est libre quand il possède la connaissance intégrale de lui-même, quand le noyau central ou siège des facultés cérébrales, avec ses ramifications, d'où part la volition et où aboutit la sensibilité, est constitué de telle façon qu'il puisse prendre la conscience nouménique de son être intérieur et de son entourage. Mais l'homme ordinaire n'est pas plus libre que la goutte d'eau qui se jette dans la mer. Si on pouvait interroger cette goutte d'eau et lui demander pourquoi elle ne remonte pas à sa source, elle nous répondrait qu'elle l'ignore, mais qu'en suivant sa pente, elle est parfaitement libre ; elle n'a pas l'idée et par suite la volonté de la remonter.

L'idée, comme l'atmosphère, est répandue partout, c'est l'intelligence et la vie universelle qui s'infusent dans les cellules cérébrales, pychiques et nerveuses ; la pensée c'est le mouvement de l'idée ; c'est l'idée incluse dans la cellule qui se l'assimile suivant son affinité ou son idiosyncrasie. On respire, on absorbe, on élimine les idées, comme on respire l'air, comme on absorbe ou on élimine les substances nutritives.

Les cellules sont caractérisées par leurs fonctions, par leurs capacités de donner ou de recevoir, d'assimiler et d'éliminer, d'agir et de vouloir ; elles sont actives et passives tour à tour ; elles résistent ou obéissent, qu'elles appartiennent soit au cérébro-spinal soit au grand-sympathique. Douées de vie, d'intelligence et de volonté, elles se meuvent ou sont mues, dans leur sphère d'évolution et d'attribution, sans qu'elles puissent passer d'une catégorie à une autre, d'une fonction à une autre. Elles ont des propriétés et des qualités diverses avec une substance dont la densité va du solide à l'état radiant. Le composé humain possède dans son ensemble, plusieurs modes d'être ou états revêtus d'enveloppes ; ces états avec leur

2.

enveloppement sont formés de matières solide, liquide, gazeuse, radiante, pychique, mentale, spirituelle, lesquelles matières sont chacune vitalisées et intellectualisées en raison de leurs fonctions et de leurs fins particulières. Le système nerveux, avec ses cellules ou neurones, contractifs et expansifs, est l'intermédiaire entre l'appareil dit somatique externe, perceptible aux sens ordinaires et l'appareil pycho-spirituel. Chaque état a ses sens, ses modes de percevoir, de sentir, voir, entendre, toucher. Lumière et ombre, couleurs, sons, saveurs, odeurs, sensations tactiles prennent de nouvelles modalités et de nouveaux aspects.

Il n'y a là aucune classification arbitraire; elle repose sur l'observation à la fois interne et externe, nouménique et expérimentale.

On connaît les fonctions des cellules physiques et celles du système nerveux. L'âme, ensemble des cellules psychiques est le siège de la vie psychique, où domine l'affectivité; la mentalité, le *nous*, est le siège des opérations analytiques et synthétiques, c'est la vie mentale; l'esprit, ensemble des cellules spirituelles, est le siège des conceptions idéales, c'est la vie spirituelle; il révèle à la mentalité dont la sensation ne lui révèle que le phénoménisme, les notions de perfection idéale, d'infinitude. Mais il y a partout, à des degrés divers, la vie, l'intelligence, les sens et les facultés communes à l'état physique et les mêmes partout. En un mot, chaque état possède toutes les facultés d'un autre, facultés qui varient en puissance et en qualité, qui s'exercent dans des milieux de densités diverses et dans des conditions différentes.

Toutes ces fonctions et tous ces états sont localisés dans le cerveau. Il y a des états intermédiaires que le tableau ci-après fera passer sous les yeux. Je ne mentionne que ceux avec lesquels on est le plus familiarisé.

La mémoire, pendant que dure la vie intégrale humaine, relie tous les faits depuis les faits physiques jusqu'aux faits conceptionnels; l'imagination combine, mélange, associe, exalte les faits mnémoniques. La raison établit leurs rapports, attribue à chaque effet sa signification : elle maintient l'équilibre.

L'HOMME-TYPE

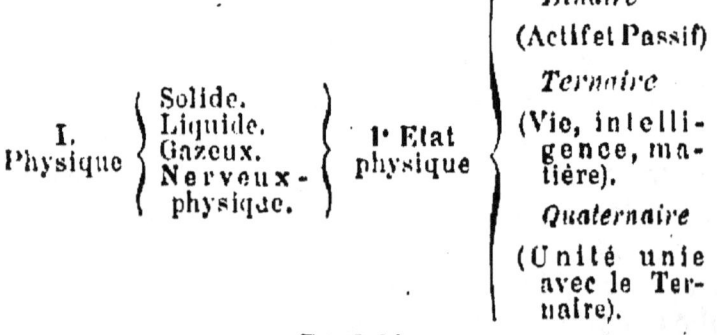

II. Radiant ou Ethéré	Nerveux- radiant. Ame. Mentalité.	2° Etat nerveux. (Binaire. Ternaire. Quaternaire). 3° Etat psychique. (Binaire. Ternaire. Quaternaire). 4° Etat mental (Binaire. Ternaire. Quaternaire).

III. Spirituel	Essence vi- tale. Intelligence Esprit.	5° Etat d'essence. (Binaire. Ternaire. Quaternaire. 6° Etat intellectuel.(Binaire. Ternaire, Quaternaire). 7° Etat spirituel. (Binaire, Ternaire. Quaternaire.

L'Univers, dans son ensemble, comprend tous les états, toutes les forces y afférentes et se développe en même temps que l'Homme. Chaque sphère est une partie de l'Univers et se développe en même temps que l'homme ; elle est tantôt, comme l'homme qui l'habite, soit Physique simplement, soit Physique et Ethérée, soit Physique, Ethérée et Spirituelle avec un ou plusieurs des états y afférents.

L'Impersonnel, source d'Amour, de Vie et d'Intelligence, s'infuse et devient personnel, en forme, dans les matérialités physique, éthérée et spirituelle.

On ne peut avoir conscience que des états que l'on possède soi-même ou qui sont suffisamment développés, et bien souvent, quand on parle d'état psychique ou d'âme, de mentralité ou d'esprit, il ne s'agit que de l'état nerveux. Si je parle dans le cours de cet ouvrage de psychisme, de mentalité, etc., c'est pour me servir de termes connus et offrant une différenciation suffisante pour le lecteur ; mais pour l'étudiant qui veut pénétrer plus avant dans la question, la qualification des phénomènes et des états d'où ils dérivent résultera de l'observation soutenue et de son propre développement.

D'une façon absolue, on ne peut passer que graduellement d'un état à un autre, sans pouvoir éviter les intermédiaires et l'on ne peut *voir, sentir, connaître* l'état où l'on est, ainsi que la nature des entités qui y évoluent, que si l'on est *absolument libre, sans croyance, sans préjugé* et si tous les états précédents, en commençant par le physique, sont sains, fonctionnent normalement. En un mot, on doit posséder la pleine conscience partout où l'on se trouve et distinguer les *images* de la *réalité*, la fantasmagorie créé par certains êtres de la vérité tangible, qu'on peut découvrir sous les oripeaux dont elle est affublée.

Tous ces états se développent incessamment par le travail interne (appétits, désirs, aspirations) qui tend à élargir leur action et leur puissance.

La nutrition, la digestion, la circulation d'aliments physiques, animiques et intellectuels, affectent la matérialité, la vie et l'intelligence à tous les degrés. Toutes les fonctions, toutes les facultés sensorielles, intellectuelles, volitives, sont sous la dépendance d'une idée particulière ou générale. Quand elles obéissent à l'idée universelle, lumière divine et conservatrice, norme directrice qui les pénètre et les enveloppe progressivement, c'est l'ordre et le cosmos humain devient indestructible. Quand elles refusent d'obéir à la Norme universelle, c'est le désordre et par suite la décomposition. Quand je parlerai de cellules psychiques, mentales, spirituelles, je ferai allusion à ces états de densités variées.

Dans son état actuel, état de déchéance, l'homme ne peut prendre conscience de tous ses états à la fois. Pendant que le *moi mental* concentre son attention sur un fait, les autres *mois* accomplissent leurs fonctions avec toute indépendance. Pendant que le *moi passionnel* en intensivement, le *moi mental* est incapable d'activité. Chaque état, chaque *moi* ou groupement fonctionnel, se développe séparément et en liberté. La volonté centrale, pour parvenir à maîtriser l'ensemble, cherchera à acquérir la puissance et la connaissance, en harmonisant le passif et l'actif, la dualité dans tous les états, en rayonnant autour d'elle la lumière cosmique qu'elle doit s'efforcer d'attirer dans tout son être.

Que se passe-t-il à la mort ? Nous voyons bien le cadavre, disent les matérialistes, mais non pas l'âme. — Survient la décomposition. Les cellules organiques se sont divisées. Nous voyons une masse de chair, c'est-à-dire de cellules de matière dense, dont s'emparent ces petits êtres vivants, qu'on nomme microbes, qui pullulent dans l'atmosphère et qui recherchent avidement une incarnation, qui aspirent sans cesse à s'envelopper de matière dense. D'un autre coté, les cellules nerveuses et mentales, celles de moindre densité et inaccessibles à nos sens ordinaires, vont subir également une transformation. Elles vont devenir la proie d'êtres de densité moindre encore (1).

L'individualité disparaît donc, nous dira-t-on. Il faut se rendre compte de ce qu'est l'individualité humaine et la vie humaine. La plupart des hommes n'ont que l'apparence individuelle; en réalité, ce sont des groupements d'éléments sans la moindre homogénéité. Ce sont des personnes, (*persona*, masque) mais non des individus (dualités unies).

Leur forme persiste durant leur vie, comme persiste un bâtiment en bois, en maçonnerie ou toute autre matière. Le ciment qui maintient la cohésion de toutes les parties, le sang et le fluide nerveux, est battu constamment par les vagues de forces microbiennes visibles et invisibles de l'atmosphère; d'où l'usure, la décrépitude et la décomposition finale. Isolez un

---

(1) Les expériences de M. de Rochas ont mis le fait en évidence. Le sujet extériorisé ne peut rester longtemps hors du corps, l'enveloppe solide et protectrice de tous les états.

cadavre, préservez-le des atteintes de l'atmosphère, et vous le conserverez intact. Isolez de même le corps nerveux, les enveloppes psychique et mentale par des procédés que la science actuelle ignore, mais que l'analogie nous fait concevoir, et vous conserverez toutes ces parties de l'être. L'homme insuffisamment évolué n'a pas l'aura protectrice ; il n'a pas pu, su ou voulu s'envelopper, s'imprégner de cette lumière conservatrice ; il a laissé s'étioler et dépérir le germe divin que nous portons tous en nous et dont le développement est le gage de l'immortalité. Les ténèbres sont en lui ; il a fermé son être, son intelligence à la lumière et il s'est donné en pâture aux fantômes, aux gnômes, aux sylphes et à toutes les puissances de l'illusion. La sensualilité, la lascivité, l'inertie, les chimères, les maladies physiques et mentales sont les prodromes de la mort, c'est-à-dire de la dissociation des éléments humains.

Il y a des hommes qui conservent groupés autour de leur centre, de leur foyer d'intelligence, les éléments qu'ils ont rendu homogènes et vigoureux. Ceux-ci ne meurent pas, ils subissent la transition et attendent, à l'abri, que la terre, les eaux et l'atmosphère soient purifiés pour pouvoir reprendre leur place.

Ils n'ont perdu que l'écorce de la matérialité solide, liquide et gazeuse ; ces éléments qui forment le corps physique sont doués, comme nous le savons, de vie et d'intelligence ;

ils ont simplement attiré et groupé autour du noyau central cette vie et cette intelligence qui reprendront leurs états solides, liquides et gazeux, quand les circonstances le permettront. L'air n'est pas seulement composé d'oxygène, d'azote et d'autres corps analogues ; il contient la vie et l'intelligence à tous les degrés ; au corps physique, il faut l'oxygène ; aux corps nerveux, psychique, etc., il faut le neurogène, le psychogène, etc.

Ceux qui ont conservé leur individualité agissent d'une façon analogue à la plante dont on a enlevé l'épiderme, mais qui, lorsque des circonstances favorables se présentent, se tisse et reconstitue une nouvelle enveloppe dont elle entoure le *liber* : ce liber c'est le corps nerveux.

« Pasteur aurait inconsciemment fait le premier pas vers l'occultisme en déclarant que, s'il avait exprimé pleinement ses idées à ce sujet, les cellules organiques sont douées d'un pouvoir vital dont l'activité continue après que cesse d'aller vers elles un courant d'oxygène, un pouvoir vital qui ne rompt point pour cela ses relations avec la vie elle-même ».

Quand la science sera suffisamment avancée, elle se rendra compte du fait. L'examen des corps, après la transition, lui révèlera si les individualités qui les ont animés sont toujours vivantes ou non, c'est-à-dire intégrales, avec le tégument externe en moins. A l'heure actuelle, notre petite science ne différencie pas un cadavre d'un autre.

L'homme complet qui veut et qui sait osera quand les temps seront venus et ils sont proches. En attendant, il se tait, parce que l'humanité n'est pas prête et qu'il est inutile pour lui d'aller au devant du martyre pour tenter de sauver ce qui ne peut être sauvé. Il se contente d'entretenir le flambeau de la vérité et d'éclairer ceux qui veulent être éclairés. Quant aux autres, il les laisse mourir à leur fantaisie.

IV

Tous ces éléments divers dont se compose la personnalité humaine et que la mort a disloqués, dissociés, peuvent, à l'aide d'une intervention efficace, être constitués de nouveau; mais la puissance qui leur donnera l'apparence de la vie avec la forme d'autrefois, ne lui donnera pas l'immortalité individuelle, à moins qu'elle n'assume elle-même cette forme. Semblable à un dynamo, cette puissance maintiendra le circuit fermé; mais la personnalité reconstituée dépendra constamment de la pile et du courant généré. Que la puissance cesse son action et le groupement des éléments n'est plus possible. Tant que dure la galvanisation, persistent la forme et le mouvement. Il se peut et il est vrai que la forme persiste un certain temps après cette galvanisation et cela d'autant plus longtemps que la puissance génératrice aura été plus intense ; mais on n'a plus qu'un fantôme, un *eidolon* que les forces de la nature vont de nouveau désagréger. La personnalité n'est pas l'individualité, la première est fugitive, changeante ; la seconde persiste à travers les transformations extrinsèques. La synthèse animique, psycho-physique et mentale est analogue à la synthèse chimique. Pour celui qui connaît les lois et les procédés, il n'est pas plus difficile de reconstituer un corps avec les éléments qui l'ont composé, que de fabriquer un corps nouveau avec des éléments nouveaux. Cette poussière psychique et mentale se manipule comme toute autre matière. L'hypnotisme et la suggestion nous en donnent une idée, en nous fournissant des exemples. Qu'est-ce donc que ce changement de personnalité, cette transformation ou plutôt cette substitution d'une idée (1), d'une pensée, d'une molécule psychique, sous l'influence de la suggestion ? Qu'est-ce donc que cette correspondance et cette répercussion physiologique ? Pourquoi cette modification dans l'ensemble de l'être humain sous l'action de la suggestion ?

La suggestion n'est-elle pas l'action d'une

---

(1) Je crois que le mot transformation doit s'entendre comme *forme nouvelle*, avec identité de nature.

force, d'une énergie ou d'une volonté sur une autre force, une autre énergie et une autre volonté ? En quoi consiste l'action d'un microbe, anologiquement ? C'est une force étrangère, un corps, une molécule nouvelle qui se substitue à une autre, qui s'approprie les éléments à sa portée ; dans tous les plans, physique, animique, mental, ces êtres en voie de formation, doués de vitalité propre, évoluent sur leurs plans respectifs, attaquant tous les organismes trop faibles pour leur résister ou pour se les assimiler et les réduire. Toutes ces forces naturelles sont en elles-mêmes indifférentes ; elles ne deviennent nocives qu'entre des mains inhabiles ou hostiles. L'homme peut, en les utilisant, les faire servir à son évolution. Les gaz détonnants, l'électricité, la lumière radiante, etc., sont des forces destructives et funestes entre des mains inexpérimentées ; mais elles sont précieuses pour qui sait les manier.

Il en est de même de toutes les forces, de celles dites astrales, et c'est le rôle de l'occultisme de les étudier, de les connaître et de les soumettre. L'occultisme n'est que la physique et la physiologie agrandies et approfondies ; cette science est dite occulte, parceque, dans l'état actuel de nos connaissances, nous ignorons des lois que les progrès incessants de la psycho-physiologie et de la physique nous amèneront à étudier. Quand ces lois seront connues, quand on pourra reproduire les faits qui présentement sont isolés et indépendants de notre volonté, l'occulte sera désocculté et tout semblera naturel.

La météorologie n'est qu'une série d'observations, mais non d'expériences; c'est encore de l'occulte.

Nous pouvons sans doute, pour quelques-uns de ces phénomènes, expliquer leur mécanisme, leur mode de production, et encore n'y a-t-il souvent que des hypothèses, mais nous sommes incapables de les provoquer ou de les faire cesser. Dans la télépathie, la télépsychographie, nous constatons l'action d'un cerveau sur un autre, la transmission psychique et mentale d'une impression, d'une image, d'une pensée. Les expériences magnétiques nous font assister au mode d'action, à la mise en œuvre de ce pouvoir qui est en nous.

Présentement, quelques rares individus peuvent, à la suite d'un entraînement, provoquer ces phénomènes et entretenir une correspondance analogue à la télégraphie sans fil visible; mais ils doivent préalablement se mettre en rapport harmonique et établir un courant. Le courant ou le circuit fermé et entretenu, deux ou plusieurs cerveaux, semblables à des piles, peuvent s'envoyer à volonté des messages dits télépathiques. Ces expériences rares et difficiles à obtenir en Europe, ne sont qu'un jeu pour la plupart des Orientaux, parcequ'ils savent se placer dans les conditions nécessaires et que l'atmosphère ou le milieu ambiant les favorise.

L'énergie vitale et nerveuse, inhérente au sang et au système nerveux, peut s'extérioriser et mouvoir des corps de densités différentes; elle peut façonner, dissoudre et reconstituer des formes actuelles ou disparues, faire passer un corps de l'état solide, liquide à l'état radiant et inversement ; c'est la divisibilité atomique et moléculaire à tous les degrés de densité.

Dans les expériences de cette nature, on peut constater un dégagement de chaleur quand les molécules se dilatent, ou une diminution c'est-à-dire du froid quand les molécules se resserrent. C'est ce qu'on remarque dans les phénomènes spirites.

La galvanoplastie humaine, l'aimant humain peut attirer, grouper, transposer les molécules psychiques, nerveuses et mentales ; il peut douer de sensibilité, de mouvement et de vie les formes qu'il génère ou qu'il reconstitue. L'activité physiologique et mentale d'un groupe de personnes réunies, renforce les courants de vie qui animent momentanément les formations et ces formations sont en équation avec la nature et la qualité des générateurs; leur puissance est en raison de la quantité d'énergie émise. De là ces fantômes, tantôt pâles, indécis, inconsistants, impalpables, tantôt vigoureusement dessinés, tangibles ; de là ces fragments d'être, ces mains, ces bras, ces têtes ou ces bustes, êtres incomplets, embryonnaires, parceque la force qui les génère ou les reconstitue est insuffisante De là aussi ces lueurs phosphorescentes, essais timides de groupements moléculaires.

L'être humain n'est pas uniformément doué de cette faculté et du pouvoir de s'extérioriser ou d'attirer les forces ambiantes. C'est ce qui a donné lieu à la théorie de la polarité. L'homme attire ou repousse alternativement. Il est doué d'activité et de passivité, c'est à dire qu'il possède une énergie à double courant qui circule en sens contraire. Il est duel dans toutes ses parties, dans tous ses états. Il est tour à tour transmetteur et récepteur, positif et négatif; il agit ou *est agi* ; il fonctionne en mode majeur ou en mode mineur. Un certain nombre d'individus possèdent la gamme chromatique des forces physiques, psychiques et mentales; chez les uns, la dominante est une majeure, chez d'autres, elle est une mineure.

V

Ces considérations m'ont amené à formuler les propositions suivantes :

I. — *Radiographie physique*

1° Les forces dites vitale, neurique, odique,

psychique et mentale etc., sont des agents évoluant dans des milieux différents et divers et constituent ce qu'on appelle la *matière radiante* ou *état radiant*.

2° La *cohésion* est l'attraction qui s'exerce entre deux atomes de même *qualité*; l'*affinité* est l'attraction entre deux atomes de qualité différente.

4· *L'absorption* est la pénétration dans un milieu de densité différente ; la *radiation* est la propriété qu'ont les agents de se répandre et de se diffuser.

4· Le psychomètre, le magnétomètre, le psychoscope et le magnétoscope sont des instruments qui servent à déterminer la quantité, la qualité ou l'intensité de force des agents dans leurs manifestations.

5· Les forces radiantes peuvent se transmettre, se propager à travers l'espace, pénétrer et traverser les corps.

6· Lorsque les rayons neurique, odique, psychique, mental, d'un individu ou d'un collectif viennent à rencontrer des forces de même nature ou de nature différente, de milieu de même densité ou de densité différente, ils peuvent être soit absorbés, soit réfléchis, soit dispersés, soit renvoyés à leur auteur.

7· Ces divers agents peuvent être renforcés, affaiblis ou neutralisés.

8· Les rayons peuvent être réfractés et décomposés.

9· L'homme est polarisé comme tous les corps et tous les êtres organisés.

10· Les effets de l'action magnétique, neurique, psychique, mentale sont physiologiques, mécaniques, chimiques.

11· Une réunion de personnes peut former une pile et donner lieu, sous des conditions déterminées, à des phénomènes médianimiques, télépathiques, psycho-physiques dont l'intensité est en raison de la quantité de force accumulée.

2° *Radiographie chimique*

1· Les forces neurique, pychique, etc., sont des forces composées.

2· On peut analyser et synthétiser chaque force pour en déterminer la qualité ou la quantité.

3· Les forces peuvent se combiner ou se mélanger.

4· Dans les combinaisons, deux forces, pour former un même composé, se combinent toujours dans des proportions invariables.

5· Il y a toujours un rapport simple entre les différentes quantités de l'une des forces qui se combinent avec une même qualité de l'autre.

6· On nomme *positive* la force dont la qualité est en rapport constant avec sa quantité.

7· On nomme *négative* la force dont la qualité est en raison inverse de sa quantité.

8· La force est dite *neutre*, quand la quantité

et la qualité de ses composantes se font équilibre.

9· Les forces radiantes, par leurs combinaisons et leurs mélanges, deviennent isomères, métamères, polymères, allotropiques, isomorphes ou polymorphes. Elles peuvent varier d'intensité.

3º *Radiographie mécanique*

1· Lorsqu'une force est dirigée dans un sens ou dans un autre, on dit qu'elle est en mouvement. La cause du mouvement est une idée-volonté. Le mouvement est statique ou dynamique.

On distingue : la *ligne* que décrit cette force ou trajectoire ; le *temps* qu'elle met pour passer d'une position à une autre ; *l'ordre impératif* qui donne la direction.

2· L'intensité est en raison directe de l'énergie et de la concentration de la volonté.

3· Lorsque deux forces sont appliquées en deux points liés entre eux d'une manière invariable, également semblables, ces forces se font équilibre.

4· Si un nombre quelconque de forces agissent les unes dans une direction, les autres dans une autre, leur résultante est égale à l'excès de la somme des forces qui tirent en sens contraire ; cette résultante agit dans le sens des forces qui ont donné la plus grande somme.

5· La résultante de deux forces appliquées au même point est située dans le plan des deux forces.

6· Pour que plusieurs forces appliquées au même point se fassent équilibre, il faut que la somme algébrique des projections de ces forces soit égale à zéro.

7· Si l'on projette sur ce point un système quelconque de forces concourantes et la résultante de ce système, la projection de cette résultante est égale à la somme algébrique des projections des composantes.

8· Le *moment* d'une force, par rapport à un point, est le produit de son intensité par la distance du point donné à la direction de la force. Le point est le *centre* des moments.

9· La résultante d'un nombre quelconque de forces concourantes et dirigées arbitrairement dans l'espace a pour moment, par rapport à un point fixe quelconque, la somme algébrique des moments des composantes par rapport au même point.

10· Deux forces parallèles et de même sens appliquées à un plan ont une résultante parallèle à leur direction, de même sens.

11° Deux forces parallèles et de sens contraires appliquées à un même plan ont une résultante égale à leur différence, de même sens que la plus grande.

12° La puissance des forces dirigées sur un même point est directement proportionnelle au carré de leur nombre et inversement proportionnelle au carré de leur distance à ce point.

VI

Quelques physiologistes ont dit que le génie est une névrose; il faut dire plutôt que la névrose est consécutive ou concomittante au génie; au surplus on fabrique des génies trop facilement. Tel génie réputé tel n'est qu'un homme de talent.

Qu'est-ce que la névrose ? Une rupture d'équilibre dans le système nerveux et dans les facultés cérébrales. L'exaltation momentanée est une névrose; toutes les passions sont des névroses. L'homme équilibré, dit-on, n'est qu'un médiocre. Pourquoi ? Parcequ'on n'a vu que l'homme-plante. L'homme de génie, le génie parfait ne connaît que l'équilibre.

D'une manière générale, toutes les idées, toutes les particules animiques et matérielles, qui ont constitué la personnalité se conservent dans la vie universelle comme pensées, comme idées, comme molécules, ou agrégats de cellules convergeant vers une idée, mais elles ne sont plus groupées, liées entre elles, ceci pour la généralité des humains.

D'où trois types de survivance :

1° Personnalités morcelées dont les états ont été insuffisamment vitalisés et qui ne résistent pas à l'attaque de forces ambiantes;

2· Personnalités dont une idée conceptive, émotive ou didactive, a été suffisamment vitalisée pour résister; d'où survivance d'un des états psychique, mental ou spirituel, etc.;

3· Individualités dont toutes les parties homogènes ont résisté.

Les communications qu'on peut entretenir avec ces entités diverses, sont extrêmement rares et difficiles, parceque l'atmosphère est peuplée d'êtres à tous les degrés, qui s'opposent à ce que le cerveau se mette en contact avec les débris humains, en interceptant les voies. Comme nous l'avons vu, ils vivent de nos restes qu'ils s'approprient le plus qu'ils peuvent.

L'individualité, quelle qu'elle soit, avec tous ses états, pas plus qu'un des états quelconques ne peut en aucune façon se communiquer médianiquement, pour cette excellente raison, que l'entité ainsi conservée serait obligée de faire des emprunts à la personne du medium et si elle lui fait des emprunts, elle n'est plus intacte, elle cesse d'être ce qu'elle est; mais elle ne peut même s'approcher de l'homme, qui ne vit pas dans le même degré de densité; l'homme peut se mettre dans l'état voulu pour établir des rapports de ce genre; mais il lui faut une connaissance et une puissance que certainement les Européens ne possèdent pas. C'est une œuvre de haute initiation qui n'a rien de commun avec la magie vulgaire et le spiritisme.

Quand l'accord est établi, quand les vibrations obéissent à la tonique, quand, depuis les tons les plus bas, jusqu'aux plus élevés, tout est mesuré, cadencé et équilibré, quand toutes les parties du tout correspondent entre elles dans un ordre parfait, que tous les sens, toutes les facultés, tous les organes obéissent à une direction, l'homme est prêt ; il voit, entend, perçoit, sent, discerne tout ce qui l'entoure, évite ou subjugue ce qui peut lui nuire, développe toutes ses capacités, gravit peu à peu et sans arrêt toutes les cimes, tous les sommets; il rayonne partout. Semblable au soleil, sa lumière domine les hauteurs, pénètre les profondeurs, et sans sortir de lui-même, il est partout, embrasse tout. « *Altiora peto* » par les pics et les sommets, tel est le sens qu'il faut donner à ce cri de l'âme qui aspire toujours et sans cesse à de nouveaux horizons, à des clartés nouvelles.

C'est la véritable individualité qui ne meurt pas et qui ne peut mourir.

CHAPITRE III

Phénomène psychique & Spiritisme

I

Les individus dont la dominante est la passivité sont ceux qui, sous le nom de *medium*, sont la cause originelle ou occasionnelle des phénomènes dits spirites.

La puissance passive, attractive et contractive, dans l'état méditatif ou contemplatif, devient expansive, sous l'impulsion d'une idée d'une émotion ou d'une sensation agréable, répulsive, quand l'idée, l'émotion ou la sensation est désagréable.

D'une manière générale, un medium est un sensitif dans la bonne exception du mot; il sent, il perçoit ce qui échappe aux autres. Dirigé et développé par des expérimentateurs habiles et prudents, il nous apprendrait bien des choses que nous ignorons. Il arrive que de pareils sujets tombent dans des mains expérimentées; mais il arrive aussi malheureusement ou qu'ils sont livrés à eux-mêmes ou qu'ils sont accaparés par des barbares à qui l'intuition fait complètement défaut. Et on voit d'un côté des mediums ou sensitifs solitaires qui, sous l'influence d'une lecture ou de spectacles qui ont frappé leur imagination, se livrent corps et âme à une pensée qu'ils concrétisent et dynamisent, qu'ils extériorisent et autour de laquelle, suivant leur affinité, viennent se grouper certaines entités atmosphériques. Ce sensitif entretient, aux dépens de sa vitalité et de sa force nerveuse, ce nouvel être ou être en voie de formation; et on le voit dépérir à vue d'œil, sans en trouver la cause.

D'un autre côté, il se joint à d'autres sensitifs affligés du même mal ou d'affections psychiques diverses; le cloître et le couvent, avec toutes leurs pratiques dites spirituelles, les attirent, quand ce ne sont pas les lieux de luxure, suivant l'idée ou le tempérament. L'hystérie spirituelle ou physiologique, avec ses phénomènes concomittants et idiopathiques, est la fin vers laquelle ils s'acheminent.

Cherchez l'origine de toutes ces exaltations religieuses, mystiques ou sensuelles et vous la trouverez dans le sens génésique qui a besoin d'être satisfait et que l'on ne peut ni étouffer ni détourner de sa fonction naturelle, sous peine des désordres les plus graves. C'est le centre physiologique du sentiment et de la passion. Le médium est par excellence *générateur*, expansif; la puissance génératrice dont il est doué doit être réglée et surveillée par une personne de tempérament contraire. Livré à lui-même, il devient torrent et ravage tout; sa puissance canalisée et dirigée dans tel ou tel sens produit des phénomènes en rapport avec l'idée directrice. L'onanisme psychique, dont l'effet est physiologique et mental à la fois, donne naissance à ces formes et ces tableaux, hallucinations diverses, que le sujet contemple et qu'il concrétise au point que ces hallucinations (1) peuvent être matérialisées en partie. L'hystérie religieuse ou sadique en fournit des exemples.

Friedreich cite les cas suivants :

Veronica Juliani, béatifiée par le pape Pie II, a, par vénération pour l'Agneau céleste, mis un agneau véritable dans son lit, l'a couvert de baisers et l'a laissé téter à ses mamelles qui donnaient quelques gouttelettes de lait.

Sainte Catherine de Gênes souffrait souvent d'une telle chaleur intérieure que pour l'apaiser elle se couchait par terre et criait : amour, amour, je n'en peux plus ! Elle avait une affection particulière pour son père confesseur. Un jour elle porta à son nez la main du confesseur et elle sentit un parfum qui lui pénétra au cœur « parfum céleste dont les charmes pourraient réveiller les morts ».

Sainte Armelle et sainte Elisabeth étaient tourmentées d'une passion analogue pour l'enfant Jésus. On connaît les tentations de Saint Antoine de Padoue.

A toutes les époques on a constaté des cas d'apparitions diverses, de formations psycho-

---

(1) Ne confondons pas *l'hallucination* et *l'illusion*.

physiques se manifestant chez des sujets en proie à une idée, à une monomanie religieuse ou mystique.

Autrefois on canonisait ces extatiques ou on les brûlait, suivant qu'ils étaient orthodoxes ou hérétiques. De nos jours, des physiologistes amenés à examiner de près ces manifestations ont constaté leur objectivité; on a remarqué quelquefois que l'apparition qui décrivait le crisiaque se reflétait sur sa rétine et qu'elle laissait des traces visibles dans le milieu où elle se produisait. Cette extériorisation du rêve favorisée par les entités qui la provoquent est la reproduction fidèle des sentiments et des désirs du sujet qui les réalise selon ses moyens. Les croyants y voient la confirmation miraculeuse de leur foi. Il en est ainsi dans toutes les sectes qui voient l'intervention de leur dieu, dont elles proclament la puissance.

La Sainte-Vierge, reproduction des statues ou images qui ornent les églises n'apparaît qu'à des catholiques, jamais à d'autres; Moïse n'apparaît qu'à un Israélite; Mahomet qu'à un Musulman; et encore ces derniers ont rarement des visions de ce genre, parce que les images sont proscrites dans leurs temples. Si réellement le christianisme, tel que l'imaginent les différentes sectes, était la vérité cosmique, les visions du Christ devraient être universelles et se produiraient dans tous les milieux. Il est vrai que le Christ véritable est complètement inconnu et qu'il a été fabriqué de toute pièce. De même, si le spiritisme était la religion universelle, les *Esprits des morts* s'annonceraient partout; or, ils ne s'annoncent tels que dans les milieux spirites. Chez les Arabes, c'est tout le contraire; il n'y a que des génies; chez eux, les morts ne se manifestent jamais et ils considéreraient ces apparitions comme des ruses diaboliques. Jamais la Vierge ni les Saints romains ne se montreront ailleurs que parmi leurs adeptes. C'est là un fait contre lequel se heurtent toutes les prétentions universalistes des confessionnels ou des sectateurs: il démontre invinciblement que l'homme seul est la cause de ces phénomènes qui prennent exactement les caractères des milieux où ils prennent naissance.

Et les théologiens, les spirites, les mystagogues de tout acabit se livrent ensuite à des discussions et des controveses qui remplissent des colonnes de revue sur ces cas insolites et troublants, et quand enfin les psycho-physiologistes viennent clore toutes les discussions en définissant et en circonscrivant le fait très simple et tr   naturel en lui-même, on est tout surpris qu'on n'ait pas songé plutôt à lui demander son avis.

Quant aux phénomènes du *sadisme*, le lecteur me permettra de les passer sous silence.

« La cause importante et centrale du mécanisme sexuel réside dans la périphérie du cerveau. Il est à supposer qu'une région de cette périphérie (centre cérébral) soit le siège des manifestations et des sensations sexuelles, des images et des désirs, le lieu d'origine de tous les phénomènes psychosomatiques qu'on désigne ordinairement sous les noms de sens sexuel, sens génésique et instinct sexuel. » (Dr Van Krafft-Ebing).

... Tous ces *sujets* ont été observés et sont journellement observés dans les cloîtres, dans les boudoirs, dans les expériences hypnotiques et médianimiques.

D'une manière générale, ce sont des crisiaques qui traduisent leurs émotions ou leurs sensations par les manifestations les plus variées. Ces manifestations peuvent être favorisées ou paralysées par une volonté inhibitrice ou excitatrice. Il suffit souvent de la présence d'une personne de tempérament calme, et dont la volonté inhibitrice intervient pour que les crises médianimiques ou autres cessent brusquement. C'est pourquoi, dans les séances spirites, par exemple, on ne peut rien ou presque rien obtenir, si tous les assistants ne concentrent pas leur désir et leur volonté de voir ou d'entendre. Les phénomènes psychiques se produisant d'une façon analogue aux phénomènes physiques. Quand la force motrice d'une machine est supprimée, la machine ne fonctionne plus ; la volonté est le moteur qui règle ou arrête la force psychique.

Si un occultiste, un *vrai* occultiste doué des pouvoirs nécessaires, assistait à ces expé-

riences médianimiques, il dirigerait les manifestations, analyserait leur processus, ferait
des démonstrations expérimentales que l'assis-
tant suivrait pas à pas, au fur et a mesure des
effets obtenus, absolument comme le chimiste
ou le physicien dans son laboratoire. Mais il
n'en est pas ainsi. Les spirites ou les gens du
monde laissent faire ; ils se bornent à regarder
et à noter les faits et gestes du médium. Triste
méthode, tristes résultats !

Et l'on assiste à ces scènes tour à tour
comiques et tristes de delirium tremens, de
spasmes, d'extase. Suivant que le *sujet* a pour
dominante la partie mentale ou physique de son
être, dans ses états variés, on peut contempler
des spectacles divers : ici, des danses de tables
et de toutes sortes d'objets hétéroclites, des
matérialisations, en un mot, tous les phénomènes physiques ; là, des discours *inspirés*, de
l'écriture *automatique*, etc., phénomènes intellectuels.

D'où ces catégories : medium à effets physiques, écrivain, parlant, auditif, intuitif ou
inspiré, artiste, scientifique, raisonneur, mystique, sérieux, bouffon, guérisseur, supérieur
ou inférieur. Toutes les manifestations humaines sont reproduites plus ou moins nettement, tantôt finement esquissées, tantôt gri-
macées; toute l'humanité, depuis ses bas-fonds
à exhalaisons putrides jusqu'à ses hauteurs
sublimes, défile sur ce théâtre médianimique.

Tous ces faits et bien d'autres connus de la plus haute antiquité, que les fakirs de l'Inde, les peuplades de l'Afrique ou autres lieux provoquent ou subissent, ont donné lieu à la doctrine la plus étrange qu'aient vu surgir les temps modernes : le spiritisme.

Je n'en ferai pas la genèse ni l'historique (1), ils sont connus. Ceux qui n'ont pas une idée suffisante de cette pseudo-religion que les adeptes qualifient de science n'ont qu'à s'abreuver à la lecture des ouvrages des *Maîtres* et des Revues spéciales. S'ils ont plus d'imagination que de jugement, s'ils sont portés au rêve et à la fantaisie, ils trouveront de quoi alimenter leur curiosité.

II

Voyons la partie expérimentale, base de l'édifice spirite.

Des êtres quelconques, générés ou constitués par la médiumnité humaine, ainsi que nous l'avons vu, parlent, écrivent, agissent par le medium. Ils font des révélations (1) archi-connues ; mais ce que personne n'avait soupçonné (je parle des initiés ou des hommes de science), c'est que ces êtres ou lambeaux d'êtres se di-

---

(1) Lire *La doctrine spirite et l'œuvre d'Allan Kardec et le spiritisme expérimental*, par Max Théon.

sent les *Esprits* des morts, de ceux qui ont vécu sur la terre. Et pour appuyer leurs prétentions, ils rapportent parfois des faits et des évènements de la vie passée du défunt; ils apparaissent en totalité ou en partie; on voit tantôt une main, un buste, une tête où les fervents croient reconnaître un de leurs parents ou amis disparus. Le spiritisme ne connaît pas d'autres *Esprits* que ceux des décédés. Il n'existe pas d'autres êtres dans les *champs de l'infini*.

Nous prendrons les phénomènes les plus convaincants *en apparence* qui ont amené cette croyance de la communication avec les morts, en laissant de côté toutes les billevesées ou divagations auxquelles ont donné lieu les scènes abracadabrantes du *modern spiritualism* comme disent les anglo-américains, ou du spiritisme, comme disent les autres.

Examinons les faits tels qu'ils sont :

Mouvement d'objet sans contact, désagrégation et reconstitution de la matière, passage d'un état dense à un état moins dense et inversement, autrement dit *matérialisation*, soulèvement de corps et de personnes (lévitation), dématérialisation et rematérialisation du medium (lisez toujours changement de densité, dilatation et élasticité), apparition de fantômes, tangibilité desdits fantômes, photographie et moulage de l'apparition, manifestations intelligentes de l'être qui parle, agit, comme vous et moi, écriture automatique, écriture directe, écriture dont le style et les caractères ont parfois, mais rarement, de la ressemblance avec ceux d'un décédé, vague, très vague ressemblance dans les traits, medium écrivant et parlant dans une langue qui lui est inconnue, résolvant des questions hors de sa portée, exécutant un travail artistique dont il n'a aucune notion, tels sont les phénomènes vrais et réels qui ont donné lieu à tout un système philosophique.

Je n'insisterai pas sur les manifestations qui sont dues à l'intervention d'une force intelligente, mais non indépendante, autre que celle du medium et des assistants. Je crois que la preuve n'a plus besoin d'être faite. Seulement, il faut faire une distinction. Bien des manifestations ne sont dues exclusivement qu'à l'automatisme pychologique où à l'extériorisation des puissances internes du sujet et des expérimentateurs. Chaque cas doit être l'objet d'un examen particulier. Quand la cause intelligente ne se trouve ni dans le medium ni dans les assistants, quand il n'y a entre eux ni entente dans les moyens et les procédés, dans le choix ou la direction, dans les effets observés, il faut bien la chercher ailleurs.

Je m'attacherai aux faits qui *semblent* démontrer l'intervention d'un *décédé*.

Et d'abord il y a une chose qui frappe dans l'ensemble de ces faits : c'est qu'un medium, avec ou sans aide, seul ou entouré, fournit les matériaux nécessaires à toutes ces manifestations, en donnant de sa force vitale, nerveuse et psychique. C'est un point à retenir. Un être vraiment indépendant de l'homme n'a pas besoin de l'homme, il doit pouvoir se passer de tout concours humain. De plus, l'être qui se manifeste une fois doit pouvoir le faire dix fois, cent fois, à n'importe quel moment. Si cela était, le phénomène dit spirite, avec la signification que les adeptes lui donnent, au lieu de faire l'objet de discussions et de controverses, depuis cinquante ans, deviendrait tellement commun, tellement patent qu'il ne pourrait plus être nié ou mis en doute.

Les spirites nous répondent qu'il y a des conditions à observer, qu'il ne dépend pas de l'homme de faire venir à son gré les *Esprits* (des décédés, bien entendu), que ces *Esprits* n'ont pas toujours le pouvoir de se communiquer, qu'enfin, comme dans toute expérience, il faut se placer dans les conditions voulues. En effet, un météore ne se produit que dans certaines circonstances; de même le phénomène médianimique ou plutôt spirite, qui n'est qu'un accident heureux pour les adeptes et qu'ils annoncent au monde avec grand fracas.

Et ils appellent *science* une série de faits qu'ils ne peuvent obtenir à volonté, dont ils ignorent les lois et le mode de production, à moins qu'ils ne veuillent présenter des hypothèses comme une certitude ? Le critérium de la certitude en physique ou psycho-physique est le permanent ou la fréquence d'un fait dont on connaît la cause et le mode de production. Le météore n'est que la manifestation d'une énergie dont la source est quelquefois inconnue : il n'est pas une réalité nouménique et substantielle.

Comme le météore, le fait spirite (lisez toujours : intervention d'un prétendu décédé) est fugace, capricieux, protéiforme. Le substratum existe sans doute et nous le connaissons : c'est l'énergie humaine, la cause, c'est une volonté, l'effet, c'est le phénomène. C'est un éclair entre deux coups de tonnerre. Mais arrêtons aussi longtemps que nous le pourrons cet éclair, fixons-le, stéréotypons-le.

Il y a chez le médium une dissociation et en même temps un écoulement, une irradiation, si l'on veut, de forces à tous les degrés. Quand le sang s'échappe d'une blessure, il ne peut conserver sa fluidité, il devient la proie de forces ambiantes, il se décompose. De même pour le médium : les entités diverses qui évoluent dans l'air s'en emparent. Suivant les qualités ou les tendances de celui qui émane ainsi de sa puissance et aussi de ceux qui l'assistent, des êtres ou embryons d'être attirent à eux ce avec quoi ils sont en affinité, en sorte que, s'il s'agit de manifestations intellectuelles, nous reconnaîtrons toujours l'origine, la matrice d'où est sortie la force. Nous pourrons analyser quantitativement et qualitativement le produit ainsi obtenu ; la perte que nous constaterons d'un côté se trouvera compensée d'un autre, tant en qualité qu'en quantité. On sait que, quand il s'agit de matérialisations, le médium perd de son poids.

Ces êtres s'emparent ainsi de la vitalité et de l'intelligence de l'homme et peuvent, par suite de l'extériorisation de cette intelligence vie, voir, lire dans les cerveaux, dans l'atmosphère psychique. A la mort de l'homme, semblables aux microbes qui s'acharnent sur le cadavre, ces êtres, ces microbes d'un autre ordre, se ruent sur les autres parties de l'entité humaine, d'une façon analogue. Dès lors, il est facile de comprendre ce qui se passe. Quand, par extraordinaire, car le cas d'une imitation extrinsèque ou intrinsèque suffisante est très rare, un soi-disant désincarné apparaît, il n'apparaît que très fugitivement, et ses contours, ses traits sont *flous* et brouillés ; ce décédé qui paraît tel n'est en réalité qu'un assemblage de morceaux sans autre lien que celui que forge le médium ; l'individualité n'existe pas. Tant que dure le phénomène, c'est la force vitale du médium et des assistants qui soutient le fantôme (1).

---

(1) Quand on parle de larves, d'êtres ou parties d'être en formation, les spirites s'exclament : « Qu'on nous les photographie ! Nous, nous avons obtenu des formes partielles ou complètes ayant la configuration humaine, mais vous qui prétendez voir toutes sortes de formes autres que des formes humaines, pourquoi ne pouvez-vous les photographier ? C'est une preuve qu'elles n'existent pas. »

Dès qu'il y a épuisement ou fatigue, le fantôme disparaît. Il y a quelques cas, mais tellement rares, qu'on cite encore de Crookes (il y a plus de trente ans) où l'illustre chimiste obtint la matérialisation *complète* d'une forme humaine, vivante, parlante et agissante, mais qui n'était celle d'aucun *décédé connu*. Crookes n'eut du reste jamais la pensée que c'était un décédé.

Si réellement les désincarnés pouvaient se communiquer à la façon kardéciste, comment se fait-il que depuis cinquante ans que le spiritisme existe, que depuis cinquante ans que les spirites se désincarnent et qui doivent former une masse imposante par le nombre dans

---

A ceci, je réponds que les êtres qui se manifestent dans les séances spirites ou médianimiques ne peuvent que prendre la forme qui existe dans le milieu où ils apparaissent, c'est-à-dire celle des hommes et comme les meneurs invisibles du mouvement spirite et anti-humain ont intérêt à capter les suffrages, ils donnent à leurs formations, avec les matériaux médianimiques qui leur sont fournis, l'aspect le plus agréable possible. Prenez des animaux les plus élevés dans l'échelle, formez-en un groupe ou une chaîne, ayez le pouvoir de les entrancer et vous obtiendrez des formes adéquates. Au surplus, les voyants même spirites ont déclaré voir des formes d'animaux non suffisamment vitalisés pour pouvoir affecter la vue physique ou revêtir la densité matérielle. Le *Livre des Esprits* d'Allan Kardec parle assez longuement de l'état des animaux après la mort ; la théorie est ridicule, mais le *fait* de l'existence des formes animales les plus variées est certain.

Ce que les spirites n'ont pu obtenir (ce qui ne m'étonne pas), d'autres l'ont pu.

l'au-delà, comment se fait-il qu'ils n'aient pu se matérialiser comme Katie King? qu'ils n'aient pu généraliser un fait semblable, qu'ils n'aient pu enfin former des mediums capables? Aidés par les *spirites incarnés*, ces spirites désincarnés auraient dû depuis longtemps faire éclater la vérité spirite! N'est-ce pas là un argument capable à lui seul de dessiller les yeux même des moins prévenus?

Les spirites feraient parfois douter de leur bonne foi ; mais il faut tenir compte de leur état d'âme. Ils sont sous l'influence d'une idée fixe et ils n'ont jamais observé, en toute liberté d'esprit, le somnambulisme à tous ses degrés et cet état particulier de clairvoyance, *clairsentience* que certains sensitifs possèdent. La psychométrie ou étude et mesure de cette capacité de clairvoyance ou double vue, nous fait assister à des phénomènes où il est impossible de voir la présence réelle d'une personnalité disparue. Le sujet, en effet, mis en possession d'un objet ayant appartenu à un tiers, nous décrit cette personne, les impressions qu'elle éprouve ou a éprouvée, son état physique et mental, les événements de sa vie, les lieux qu'elle a habités, etc. Mettez dans sa main un objet quelconque et demandez-lui d'où il provient; il reconstituera les lieux, les scènes qui se sont passées à l'endroit où l'objet aura été pris, et cela sans que vous le sachiez vous-même, preuve que rien ne se perd et que tout, jusque dans le passé le plus éloigné, vient se réfléter dans l'atmosphère. Les souvenirs, les réminiscences qui semblent faire croire que nous avons vécu, ne sont quelquefois que des reflets de la pensée humaine évoluant à travers les âges. Il lira de même dans votre pensée, verra dans votre intelligence, dans votre être physiologique.

Le médium qui possède ces facultés tantôt faiblement, tantôt puissamment, a en outre la faculté de s'extérioriser, d'extérioriser et d'objectiver ses sensations, ses images et ses pensées au point qu'elles peuvent être photographiées. Il attire et groupe ainsi non seulement des images, des formes-pensées, etc., mais encore ces êtres de densités variées et protéiformes qui rôdent autour de nous et nous épient constamment, cherchant à acquérir ce qui leur manque. Comme des parasites, ils s'attachent de préférence à celui qui veut bien se prêter aux expériences ou qui n'a pas la force de résister et de se défendre. Comme la plante rongée par les cryptogames ou le corps rongé par la trichine, l'homme faible succombe. Les névroses, les psychoses, l'aliénation mentale n'ont souvent pas d'autre cause. Ayant pu s'attacher à un être faible pendant sa vie, ils continuent, aussi longtemps que possible, à user de ses *restes* après la mort. D'où cette cruelle mystification de l'apparition des désincarnés.

Est-ce que le désincarné, s'il était réellement lui-même, aurait besoin de médium ? Si le médium lui fournit ce qui lui manque, il n'est plus ce qu'il était. Est-ce que les particules animiques, psychiques, en un mot la matérialité de degrés variés qui émane du médium et des assistants n'est pas douée de vie, d'intelligence et ne forme pas une entité ou des entités lesquelles, extériorisées, possèdent un *status* ou un *habitus* que des entités de moindre densité, nommées *élémentals* par les occultistes, peuvent influencer ? A supposer que le prétendu décédé soit une individualité, que son intelligence soit intacte, comment se fait-il qu'il fasse d'aussi mauvais vers, s'il est Victor Hugo, qu'il soit assommant, s'il est Fénelon ? Comment se fait-il qu'il ne puisse rien dire de sa vie passée, rien préciser, s'il n'est pas connu des médiums ou des assistants directement ou indirectement ? Comment se fait-il qu'il ne puisse communiquer qu'avec des personnes dont le *status* intellectuel est adéquat au sien, qu'un décédé de génie ne puise se servir d'un médium illettré, alors qu'un décédé illettré écrit parfaitement par la main d'un médium instruit ? Les spirites qui ont réponse à tout nous disent que les Esprits (des morts) sont souvent trompeurs, qu'ils se parent de grands noms et qu'il nous appartient de les distinguer.

Et comment les distinguer, comment savoir si c'est bien mon père, mon cousin ou mon ami qui me parle, quand la doctrine nous enseigne que les *Esprits* ont toutes les ruses, toutes les malices ? Quelle science que celle qui est incapable de nous indiquer le moindre critérium de l'identité !

Les spirites nous citent le cas d'un médium peu instruit, mais non illettré, qui a continué à écrire un roman commencé par Dickens et où l'on reconnaît le style du maître. Que sait-on des antécédents du médium ; que sait-on de ses lectures, de ses occupations, de ses rêves ? De ce qu'une personne n'a pas ou très peu d'instruction, il ne faut pas en conclure qu'il est sans intelligence. On sait que bien des personnes sans culture possèdent souvent des facultés latentes qu'une circonstance peut mettre en relief. Au surplus le médium de Dickens est, comme Dickens, anglais ; Dickens est un personnage connu, un romancier populaire. Quoi d'extraordinaire, dès lors, à ce qu'un sensitif, sous une influence quelconque, joue ce personnage et le joue même à la perfection ?

Si chaque medium était étudié, si sa vie était connue dans ses moindres détails, on aurait la clef de chacune des manifestations qui ne se ressemblent presque jamais. Car tout importe ici ; chaque phénomène doit faire l'objet d'un examen approfondi et minutieux. Les cas de Katie King, de Dickens, de Pipers, etc., sont de très rares exceptions. Vouloir sur une exception bâtir tout un système, vouloir généraliser ce qui n'est qu'accidentel est d'un esprit peu pondéré. C'est comme si un physiologiste, en présence d'un fœtus à deux têtes, concluait que tous les enfants doivent naître ainsi et que, si nous ne naissons pas tous avec deux têtes, c'est une exception.

Il y a le phénomène télépathique que les spirites confondent avec leurs phénomènes médianimiques. On a constaté, assez rarement il est vrai (car tous ces faits sont rares) l'apparition de fantômes de décédés, au moment de la mort.

Mais, ici, le phénomène est spontané ; il ne peut jamais être provoqué. Le mourant, près d'expirer, a un désir intense ; il dynamise une idée ; cette idée est projetée sur une personne ou sur un milieu, et le fantôme est vu et senti par plusieurs personnes. La forme, l'apparence est celle du décédé, elle ne peut en avoir d'autre. Ce n'est pas une individualité, elle n'en a pas les caractères. Il arrive qu'un mourant exprime un vœu, a caressé toute sa vie un projet qu'il n'a pu réaliser ; cette idée vivifiée, intensifiée, persiste plus ou moins longtemps après la mort jusqu'à ce qu'elle reçoive sa solution. C'est ainsi que quelques sensitifs reçoivent des ordres dits de l'au-delà, des missions temporaires ; ces missions remplies, l'idée-fantôme disparaît.

Dans ces cas d'apparitions spontanées, il n'y a aucune mediumnité. Le sensitif ne prête pas son moi ; il est même incapable d'agir d'une façon quelconque. C'est le propre des êtres parasitaires évoluant dans l'atmosphère, de s'insinuer dans l'organisme. L'homme *post-mortem*, en supposant que cela fût possible, répugnerait à se servir de tels moyens ; nous pouvons nous le figurer aisément en nous mettant à sa place : entrer dans le corps d'une personne, se mettre en contact avec son système nerveux, son appareil physiologique où circulent des liquides...

L'apparition spontanée n'est donc jamais due à la présence d'un medium, si on conserve à ce mot sa signification ordinaire, c'est-à-dire d'intermédiaire fournissant les éléments nécessaires aux phénomènes provoqués.

L'hallucination qu'on peut invoquer n'est qu'un vain mot. Tout ce qu'on peut se demander, c'est ceci : Est-elle objective ou subjective ? (1)

Il arrive, dit-on, qu'un medium parle une langue qu'il ignore, compose de la musique, dessine, etc., alors qu'il ignore ces arts. Il arrive aussi, dans le phénomène hypnotique, qu'un sujet, ignorant à l'état de veille, résout des problèmes, compose, est poète, orateur pendant le sommeil hypnotique. Il arrive aussi qu'il imite, à s'y méprendre un personnage dont il prend l'air, les manières, le langage, sous l'influence de la suggestion. Le sujet a déjà

---

(1) Les Hallucinations (*Alban Dubet*).

connu, objecte-t-on, le personnage ainsi contrefait. Un expérimentateur habile, possédant bien son sujet, saura lui suggérer le rôle d'un personnage qu'il connaît et que son sujet ne connaît pas. Le medium parle une langue inconnue? Le plus souvent, quelques mots, quelques phrases décousues, et quelquefois aussi, mais rarement, une série de phrases, un discours même, formant un sens. Est-ce que dans ses lectures, dans ses fréquentations, ou même dans ses rêves, il n'a pu percevoir des mots ou des séries de mots dont le sens lui échappe ou qu'il ne peut répéter à l'état normal, et qu'il retrouve à l'état de trance? Est-ce que dans les plans hyperphysiques, les formes-pensées n'évoluent pas constamment? Il y a des rêves où nous lisons des romans, où nous trouvons des solutions à des problèmes qui nous occupent.

Quand on connaîtra bien le phénomène du rêve, disait Eliphas Lévi, le spiritisme sera expliqué. — Et il aura vécu, ajouterai-je.

Les expériences faites nous démontrent qu'une foule de souvenirs soit du sommeil, soit de la veille, s'emmagasinent sans que nous en ayons conscience et qu'ils reviennent à certains moments, sans que nous puissions nous l'expliquer. Des scènes, des images, des mots que nous percevons dans le rêve peuvent se reproduire et s'objectiver, et le fait a été reconnu. Enfin, les facultés exaltées, hyperesthésiées, sous l'influence d'une idée ou d'une suggestion, acquièrent une puissance de vision et de perception que les spirites ne soupçonnent pas. Et ce sont ces visions, ces récits de médiums entrancés plus ou moins, que les spirites nous présentent comme des tableaux exacts du monde invisible.

Tous ces sujets, mediums ou hypnotiques, tantôt sains, tantôt maladifs, suivant qu'on a usé ou abusé d'eux, sont de véritables aimants autour desquels viennent se grouper, avec une cohésion plus ou moins grande, les pensées, les images, les êtres ou fragments d'êtres avec lesquels ils sont en affinité.

L'écriture automatique procède du même principe. Sa ressemblance avec celle d'un disparu, quand, par hasard, on peut la constater, prouve simplement, si le medium n'a pas connu le décédé, que l'être qui se manifeste peut lire dans les cerveaux ou l'aura intellectuelle des assistants, ou encore qu'il a suivi le décédé et s'est accroché à lui pendant sa vie. Mais presque toujours le consultant ou une des personnes présentes a connu le mort, et alors la similitude de l'écriture s'explique plus facilement.

Enfin, veut-on s'assurer, d'une façon certaine, si réellement c'est un décédé qui se communique, quand un être quelconque se prétend tel? Dès l'instant où l'entité s'annonce comme ayant animé le corps d'un personnage inconnu de toutes façons du médium et des assistants, *soit directement, soit indirectement*, que les assistants rédigent un questionnaire auquel devra répondre le décédé; ce questionnaire portera sur les évènements ordinaires de sa vie et il sera remis clos et cacheté au médium. On sera édifié. Il faudra évidemment que les réponses puissent être contrôlées. Si le prétendu décédé annonce avoir habité une région inconnue ou avoir vécu à une époque trop éloignée pour que les recherches puissent se faire, s'il en est toujours ainsi, on sera forcé de reconnaître que les décédés, si nombreux dans notre entourage, sont absolument impuissants à se communiquer.

Veut-on avoir un exemple de la puissance d'imitation d'un medium ou d'une entité quelconque agissant par son intermédiaire ?

Voici ce qu'on lisait dans *The Daily Télégraph* de mars ou avril 1899.

« Le 20 mars, les journaux annonçaient que M. John Sherman, ex-secrétaire d'état aux affaires étrangères, qui était à toute extrémité depuis vingt-quatre heures, venait de mourir. Quelques heures après, un medium de Washington, après avoir procédé à diverses évocations, annonça qu'il allait matérialiser l'esprit de M. Sherman. L'ex-ministre apparut en effet — ce qui produisit une immense sensation dans l'auditoire — et raconta qu'il venait d'entrer au ciel. Le revenant écrivit ensuite sur une ardoise : c'était une imitation parfaite de l'écriture de M. Sherman. Le lendemain, la presse démentait la mort de M. Sherman. »

Est-ce assez convaincant?

On nous dit encore : Le medium fait des réponses qui sont souvent inattendues et qui par conséquent ne sont pas dans la pensée des assistants; il y a des controverses, preuve évidente qu'il y a autre chose que le cerveau humain. Eh! quoi donc? Quand je réfléchis, quand je discute en moi-même, des objections ne se présentent-elles pas dans mon esprit, à mon insu; ne viennent-elles pas spontanément? Ne semble-t-il pas qu'il y ait deux êtres en moi, parfaitement distincts? Cette considération nous amène à dire un mot sur une prétendue preuve de la réincarnation. On cite quelques exemples, très rares du reste, de personnes ayant comme une double vie, une double existence : il y a, semble-t-il, deux personnalités distinctes, entièrement opposées, qui alternent dans l'individualité; non seulement deux personnalités, mais plusieurs, mais une foule. Nous sommes tous plus ou moins comme les acteurs et nous pouvons entrer *dans la peau d'un personnage;* les médiums sont des acteurs dont le rôle est encore plus vivant, voilà tout.

Interrogez tous les médiums, forcez-les jusques dans leurs derniers retranchements, demandez-leur ce qu'ils pensent, dans leur for intérieur, de tous ces phénomènes dont ils sont les auteurs conscients ou inconscients; il n'en est pas un qui n'ait à un moment quelconque un accès de sincérité et qui ne vous dise : Je ne sais ce qui agit en *moi* ou en dehors de *moi*; mais je sens que c'est toujours mon *moi* qui produit toutes ces manifestations ; je ne me sens pas distinct de toutes ces personnalités qui se révèlent de tant de manières et sous tant d'aspects; c'est mon moi, toujours mon moi qui s'assimile plus ou moins bien ce qui l'entoure, ce qu'on lui suggère.

C'est ce que m'ont avoué la plupart des médiums et c'est ce qui ressort de leurs récits, quand, par hasard, ils écrivent ou racontent en toute liberté les phases de leur médiumnité.

A propos de réincarnation, on cite le cas suivant :

Une jeune fille, en Amérique, passe de vie à trépas. Un ou deux ans après, les parents ont un enfant qui, en grandissant, semble se souvenir de tout ce que sa sœur décédée a vu, fait ou éprouvé; les spirites en concluent qu'il y a là une réincarnation. Est-ce que la mère ne savait pas elle-même tout ce que savait son enfant; est-ce qu'elle n'a pu transmettre à l'autre enfant ses propres impressions? Le stigmate moral et intellectuel est plus fréquent encore que les stigmates physiques. Il faut vraiment être imbu de l'esprit de système pour voir là une *réincarnation*.

En somme, le spiritisme n'est que de la tératologie. D'une exception on fait une règle, et quand la règle contredit l'exception, on cherche une loi commune à tous ces phénomènes;

c'est la *réincarnation*. C'est très simple et très logique, en apparence, pour ceux qui ne savent rien de la physiologie, de l'hérédité et des milieux. Vous êtes un génie, un homme de talent, un spécialiste habile dans n'importe quel genre; c'est que vous avez déjà vécu plusieurs fois sur la terre. Vous êtes un crétin, un ignorant, c'est que vous ne vous êtes pas souvent *réincarné*. Vos parents sont idiots, vous êtes un grand homme ; inversement, vous êtes un idiot, vos parents sont très intelligents; tout cela est expliqué par la réincarnation. Seulement une question se pose : qui a commencé ? L'imbécile ou l'intelligent ?

Voici une réponse de Cahagnet : (Sanctuaire du Spiritualisme).

« Si c'est l'homme qui a besoin de se perfectionner individuellement, en passant par tous les états, les sensations, les joies et les peines de la création, je donne à un tel homme, non pas huit cents transformations à subir, mais des millions de milliards; car à supposer un moment la nécessité de tel état et de telle sensation, c'est supposer celle de telle autre; qu'on voie les myriades de successions d'états qui doivent nous être imposés, pour parvenir à la connaissance des félicités éternelles, connaissance qui ne doit arriver qu'à la fin de cet infini.

« Si c'est au contraire la Société qui doit être perfectionnée en général, il n'est pas nécessaire à l'âme qui a coopéré pour sa part à cette perfection, de revenir y travailler de nouveau ; qu'elle laisse ce soin à celles qui lui succèdent, vu que chaque siècle se perfectionne par le secours des êtres qui le composent ; en plus, cette théorie démontrerait un nombre arrêté d'âmes créées, ce que récusent l'expérience et les lois de l'Infini et ce que récuse encore mieux cette autre proposition appuyée aussi sur l'expérience : de chaque âme peut être tiré un nombre infini d'images qui représentent de véritables âmes, en tout semblables à celles dont elles sortent, possédant leur individualité personnelle et les mêmes propriétés, quoique ne faisant qu'une entre elles et l'âme-type. »

Que si les âmes ne se ressemblent pas, que si les enfants ont des qualités différentes, supérieures ou inférieures à leurs parents, cela est dû simplement aux milieux ou encore à l'état psycho-sensoriel dans lequel se trouvent les parents lors de la conception, et des impressions diverses que reçoit la mère pendant la grossesse.

Enfin les idées ou pensées qui peuplent l'atmosphère psychique, peuvent influencer la mère qui les transmet à l'enfant, comme l'enfant, pendant la croissance, se les assimile parfois, comme le corps physique, par suite de sa décomposition, est assimilé par les plantes, puis par les animaux ; ces plantes et ces animaux à leur tour sont absorbés par l'homme.

De la nourriture physique et de l'éducation, qui est la nourriture spirituelle, dépendent le tempérament, les tendances, les goûts.

Si l'on veut conserver le mot *réincarnation*, c'est ainsi qu'on doit l'entendre.

III

Examinons maintenant la partie doctrinale.

Toute la doctrine repose sur les phénomènes que nous venons de passer en revue et sur *l'enseignement des Esprits*. On voit combien le fondement est solide. Il repose purement et simplement sur les révélations (!) des mediums aidés, assistés et inspirés par des hommes plus ou moins instruits, à l'imagination ardente, mais à qui l'esprit scientifique fait souvent défaut. Imbus de certaines idées pythagoriciennes mal digérées, de légendes druidiques ou autres, qui enveloppent parfois des vérités, les expérimentateurs ont dirigé et écouté les mediums dans leurs *inspirations* extra-scientifiques ou extra-naturelles. Et il en est résulté un amalgame de christianisme, de druidisme et de darwinisme, etc., au milieu desquels on sent comme de vagues réminiscences de mythologie indoue et grecque. Voici en substance la doctrine spirite.

L'homme provient d'un simple protoplasma qui évolue sans cesse pour aboutir à l'*Esprit pur*. A la suite d'*incarnations* et de *réincarnations* successives et d'*épurations* savantes, il finit par atteindre l'état supra-humain, il est *Esprit*.

L'Esprit continue lui-même à évoluer dans l'espace où il s'épure de plus en plus jusqu'à ce qu'il soit finalement un *pur Esprit*. La terre et les mondes évoluent en même temps jusqu'à ce qu'usés et finis ils disparaissent, se désagrègent pour former de nouvelles terres et de nouveaux mondes qui, à leur tour engendreront des protoplasmas, lesquels, après avoir suivi la série végétale et animale, deviendront des hommes, lesquels deviendront des Esprits, lesquels redeviendront des hommes, puis des Esprits.,. et ainsi de suite pendant l'éternité. Pendant ce temps, les Esprits *arrivés* se réjouissent à leur façon ; ils parcourent l'espace à leur guise, visitent les planètes et les étoiles, inspirent les mediums, font danser les tables, instruisent l'humanité.

D'où vient le protoplasma ? de Dieu qui est un *Esprit pur*. Comment Dieu a-t-il pu s'amuser à *créer* ainsi de pauvres êtres et quel plaisir éprouve-t-il à faire incarner et réincarner ses créatures pour finalement leur créer cet état assez mal défini qu'on nomme l'état spirituel et où ils trouvent, parait-il, le bonheur ? Pourquoi ne les a-t-il pas faits tout de suite *Esprits ?* A quoi la doctrine nous répond que c'est une récompense accordée aux efforts. Mais si c'est une récompense, il doit y avoir aussi des châtiments. Ces châtiments consistent simplement dans le plus ou moins grand nombre de réincarnations sur cette terre d'épreuves ou ailleurs et dans une douloureuse erraticité; mais en fin de compte, tous seront récompensés ; c'est une question de temps.

Imaginez-vous un père qui plonge, dès leur naissance, tous ses enfants dans un noir cachot en leur recommandant de se bien conduire, d'écouter les Esprits, ses autres enfants arrivés, qui leur envoie de temps en temps des *épreuves* pour les *former*, et qui, une fois formés, revus, corrigés et considérablement augmentés ou... diminués, leur tend les bras en les appelant : chers Esprits ! Dieu, l'être parfait, *crée* ainsi pour avoir le plaisir d'être père et d'avoir une nombreuse famille qu'il châtie bien, parce qu'il aime bien.

Moi, homme simple, je me fais ce raisonnement simple : si j'étais capable de former un homme, je voudrais lui donner toutes les perfections compatibles à son état, tous les bonheurs imaginables, lui épargner toutes les souffrances ; comment Dieu, le roi des Esprits, ne raisonne-t-il pas comme moi ?

Il y a des mystères, dit la doctrine, que

l'homme, vu son peu d'avancement, ne peut approfondir.

L'homme donc, pour pouvoir à son aise parcourir les *Champs de l'Infini*, doit perdre successivement tous les corps qu'il assume dans dans sa vie charnelle, perdre tous ses sens, laisser derrière lui des amis, des parents, des frères, avec l'espoir de les retrouver un jour, dès qu'ils seront épurés, dans ces champs tellement vastes qu'ils sont infinis. Qu'est-ce donc qu'un *Esprit* ? Un être, revêtu de la forme humaine dénommée *périsprit*, mais tellement subtil qu'il échappe à nos sens et à toute investigation. Il ne peut se révéler à nous qu'en faisant des emprunts à l'homme, aux divers mediums; il manipule les *fluides* qu'il matérialise, il matérialise sa propre forme, il se rend visible, tangible. Qu'est-ce que l'homme ? Un Esprit incarné qui, pendant l'incarnation prend le nom d'*âme*. Homme, Esprit, Esprit, homme, voilà les métamorphoses et les exercices extrêmement limités, comme on voit, aux-quels se livre l'homme-esprit, l'esprit-homme.

Je ne voudrais pas être taxé d'exagération, et afin de m'éviter ce reproche, je vais reproduire la théorie *scientifique* d'un des Maîtres, telle qu'elle est sortie de sa benoîte plume.

« L'esprit est la partie essentielle de tous les êtres *sensitifs*, (tels que l'huître, le polype et l'homme aussi, bien entendu) dont le corps constitue seulement la *mécanique* et les instruments par le moyen de quoi ils perçoivent et ils agissent sur les autres êtres et la matière. C'est l'esprit seul qui *sent*, perçoit, comprend, acquiert la connaissance, qui raisonne, désire, *bien qu'il ne puisse* faire tout cela que par l'entremise de l'organisme auquel il est lié et dans une exacte proportion (?) avec la nature (??) de celui-ci.

« C'est l'esprit de l'homme qui est l'homme, l'esprit est la pensée ; le cerveau et les nerfs sont simplement la batterie et le télégraphe magnétique (?) par l'office de quoi l'esprit communique avec le monde extérieur.

« Bien que l'esprit soit *en général inséparable* du corps organisé, auquel il donne la vie animale (*l'esprit* qui donne la vie *animale!*) et intellectuelle, car les fonctions végétatives ne se maintiennent pas sans l'esprit, il n'est pas très rare de rencontrer des individus constitués de telle sorte que leur esprit puisse percevoir indépendamment des organes corporels de la sensation on soit susceptible de quitter partiellement ou peut-être même *complètement* le corps, pour un temps, et retourner à lui ensuite. A la mort, il abandonne le corps à jamais.

« L'esprit, comme le corps, a ses lois, et ses facultés ont des limites définies. Il communique avec l'esprit plus aisément qu'avec la matière, et *dans la plupart des cas, il ne saurait percevoir ni agir sur la matière* sans le medium ou intermédiaire et un esprit incorporé. L'esprit qui a vécu et évolué ses potentialités sous l'enveloppe d'un corps humain, conserve, lorsqu'il s'est séparé du corps, ses antérieurs modes de pensée, ses antérieurs penchants, sentiments et affections. La nouvelle condition d'existence est une continuation naturelle de l'ancienne... Il est le même que précédemment, quant au caractère; mais il a acquis de nouvelles facultés *physiques* (?) et mentales, une plus ample capacité d'accroître ses connaissances *matérielles* (?) et spirituelles.

« Cette hypothèse (en effet), considérée comme une simple spéculation (oh!) est aussi cohérente et intelligible (?) que peut l'être quelque spéculation que ce soit. Mais elle prétend être plus qu'une spéculation, puisqu'elle est employée à expliquer et interpréter cette énorme accumulation de faits et à fournir une théorie de l'état futur de l'homme... »

Vous croyez que l'auteur va perdre son temps à nous dire ce qu'il entend par *esprit*, par *matière*, par *âme*? c'est l'esprit qui est l'homme, dit-il, d'un côté, et d'un autre, il nous dit qu'il est la partie essentielle ; s'il est une partie, aussi essentielle qu'on voudra, il n'est pas le tout. Et cet esprit, qui continue à acquérir des connaissances *matérielles* avec des facultés *physiques*, alors qu'il a perdu ses organes matériels !

Bon Dieu, pourquoi nous as-tu donné tant d'esprit avec si peu... d'intelligence ?

Tous ces contes bleus ont donné lieu à des mmentaires et des récits, tantôt burlesques, tantôt riants, parfois émouvants et saisissants. Tous les contes, quels qu'ils soient, toutes les histoires peuvent suggérer des idées très nobles et très élevées, parfois poétiques et séduisantes. L'imagination trouve partout des aliments. Celui qui se contente du côté poétique que quelques auteurs spirites ont mis en relief en termes souvent éloquents, mais qui négligent absolument la vérité scientifique, pourra se repaître à satiété de ces lectures spirites. Il lui semblera avoir des ailes, il rêvera aux mondes étoilés, il entretiendra des conversations avec les habitants de l'espace; qu'il prenne garde seulement de n'y pas laisser sa raison.

Celui qui voudra chercher le côté scientifique, le raisonnement serré et basé sur la logique, trouvera aussi à alimenter sa curiosité ; mais s'il est tant soit peu teinté de psychologie, si la physiologie et l'expérimentation ne lui sont pas étrangères, je doute qu'il soit satisfait. Il s'amusera, s'il a l'humeur enjouée ; mais il s'ennuiera ferme, s'il veut y trouver autre chose que de la fantaisie. Non que de ci, de là, on ne rencontre des choses exactes. Du reste, tant que l'auteur se borne à reprendre, avec son style personnel, les théories déjà discutées et en partie reconnues, tant qu'il ne fait que répéter, sous une autre forme, des leçons que des maîtres non spirites ou antispirites, lui ont apprises, il peut intéresser, suivant la forme qu'il donne à sa prose ; mais, s'il entre dans le domaine de l'*Esprit* et s'il tente de devenir original, autant qu'un auteur imbu de lectures spirites peut l'être, le lecteur scientifique bondira.

IV

Nous avons exposé rapidement la doctrine spirite dans son ensemble. C'est là la véritable doctrine, ce sont les dogmes décrétés par le pontife Allan Kardec. Mais, comme partout, hélas, il y a des schismatiques. Un point fondamental divise les spirites : la réincarnation. Les *Esprits* consultés sont eux-mêmes divisés, naturellement. Les uns enseignent la réincarnation, les autres la rejettent. Les Européens et les Américains du sud en général l'admettent, mais les Anglais et les Américains du nord n'en veulent pas. A part ce point fondamental cependant, ils ne diffèrent guère que dans des détails assez insignifiants, tels que la constitution *périspritale*, la manière dont on se désincarne et dont on se réincarne, le mécanisme médianimique, etc.

Des *groupes* nombreux se sont formés un peu partout ; ce sont de petites chapelles où trône Allan Kardec en plâtre, en bronze, en médaillon ou en photographie. Des séances suivies sont organisées. On y fait des discours, des conférences, des expériences. On *forme* des médiums à tous les usages, physique, intellectuel, intuitif, guérisseur, etc. Rien de plus comique et de plus triste en même temps. J'ai vu de pauvres jeunes filles, venues pour la première fois, *essayer* leur médiumnité, faisant des efforts inouïs pour écrire, et n'y parvenant pas, tomber dans des convulsions et des crises nerveuses que le *président* du groupe tâche de calmer au moyen de *passes* et d'évocations pressantes, mais que souvent il ne fait qu'accroître, à tel point que, mu par un sentiment de pitié, je ne pus une fois m'empêcher d'intervenir, tout en conservant mon *incognito*. La crise se résolut par des larmes abondantes. Dans ces salles contaminées par les effluves s'échappant de tous ces spirites réunis, où l'air n'est pas renouvelé, on éprouve, quand on est tant soit peu impressionnable, un malaise et une gêne à la fois physique et psychique. On est oppressé, et si l'on n'est pas suffisamment vigoureux ou habitué, on ne tarde pas à être réellement malade et l'on est obligé de sortir.

En thèse générale, la personne qui, suffisamment impressionnable, nerveuse et lymphatique, tâte pour la première fois de la médiumnité, éprouve des commotions, des secousses ou un malaise indéfinissable. Quelquefois, il est vrai, une torpeur languide s'infiltre dans le système nerveux du médium, qui éprouve comme une somnolence. Quoi qu'il en soit, avec l'accoutumance, si le chef de groupe ou le conseiller est lui-même doux, aimable et insinuant, la médiumnité perd ce caractère douloureux, aigu ou somnifère, suivant le tempérament, et le *sujet travaille*, sans que rien d'anormal trahisse en lui de la souffrance ou même de la gêne, en apparence seulement. Cela dépend du reste de son genre d'exercice, de sa médiumnité. S'il est simple écrivain, intuitif ou inspiré, il éprouvera un peu de fatigue, et le danger semble nul, bien qu'en réalité il soit terrible, parce qu'à la longue le médium finit par être complètement possédé, sans que personne s'en doute. Mais, s'il se livre à des jeux bruyants, ce qui ne veut pas dire qu'il soit bruyant lui-même, s'il tombe en trance, l'épuisement qu'il ressent est un signe évident qu'il y a danger. Ce mal est contagieux parceque, dans les séances, quand un médium tombe en trance, un autre, puis un autre ne tarde pas à l'imiter, absolument comme à la Salpêtrière.

Dans les familles, on organise aussi de petites séances, après le dessert. On joue au spiritisme comme on jouerait au Nain jaune. Cela ne semble pas tirer à conséquence ; on ne s'aperçoit de rien d'anormal. Il en est quelquefois ainsi, parceque le médium qui se révèle dans la famille n'est pas suffisamment impressionnable, heureusement. Tout se borne à quelques plaisanteries plus ou moins banales. Il n'en est pas moins vrai que, pour si petit que paraisse le danger, pour si inoffensif que paraisse le badinage, il suffit d'une circonstance pour que la chose devienne sérieuse. Mais faites comprendre cela à des gens qui prennent Allan Kardec au sérieux et qui croient que c'est arrivé. La foudre seule, quand elle éclate, peut les avertir du péril, et alors il est trop tard. Tous les médiums plus ou moins sont comme les buveurs d'absinthe ou les fumeurs d'opium. Ils ont d'abord des nausées, puis ils s'habituent; quand ils sont saturés, *qu'ils ne sont plus eux-mêmes*, ils sont semblables à tout le monde, à tout le monde des intoxiqués. On est habitué à les voir et on ne se rend pas compte de leur état qu'on trouve naturel.

« La pratique (du spiritisme), malgré l'apparence bien inoffensive des débuts, tables tournantes, écriture automatique, etc., est certainement *plus dangereuse* que la fabrication de la dynamite ou l'usage de l'opium et devrait être prohibée au même titre. D'une façon absolument générale, l'évocation — même pour rire — de Sémiramis ou de Victor Hugo, de Pie IX ou de Pharamond, oui, même cette fumisterie là peut-être l'origine d'une névrose qui deviendra la folie ou la criminalité la plus honteuse. C'est immoral et périlleux au premier chef (1) ».

Et quand on songe qu'un médium, avant qu'il soit livré au Minotaure spirite, est un su-

---

(1) Marius Decrespe (Les microbes de l'Astral).

jet des plus précieux et qu'il est gâté, perdu, on ne peut s'empêcher de frémir. Je prévois les objections ou les observations qu'on peut me faire. N'a-t-on pas, me dira-t-on, des mediums qui reçoivent des communications de la plus haute moralité, qui donnent les conseils les plus sages, qui nous parlent du ciel, de la vie future, du bonheur qui attend le juste, en des termes et dans un style admirables ?

— Eh ! n'avez-vous pas sur la terre, autour de vous, des hommes en chair et en os qui nous tiennent le même langage ; ne voit-on pas tous les jours des gens au sourire angélique nous servir les mêmes sermons et qui néanmoins ne conforment pas toujours leur conduite à leurs belles maximes ; n'assiste-t-on pas, à chaque instant, à des scènes où un homme, par des paroles mielleuses, des exhortations touchantes, essaie de capter notre confiance, afin de mieux nous tromper ? Et ici, si vous êtes perspicace, vous pourrez démasquer le traître ou l'imposteur ; mais, quand il s'agit d'êtres invisibles, dont vous ne savez rien, ni de leurs antécédents, ni de leur origine, que pouvez-vous espérer ? Quoi, parce qu'on vous montre le ciel, qu'on vous dépeint sous les couleurs les plus chatoyantes, au point de vous donner envie d'y aller voir tout de suite, parce qu'on vous enseigne à vous purifier, à mépriser la chair, à renier la terre, vous vous empressez de conclure que c'est un ami, un bienfaiteur, un guide ou un ange gardien ? Et que savez-vous de tout cela? Vous croyez, vous avez la foi. Gardez votre foi, si cela vous plaît; mais ne la présentez pas comme un code de morale et de vérité : morale et vraie pour vous, immorale, déprimante, funeste pour moi, en même temps qu'illogique et anti-scientifique.

Mais, direz-vous encore, nous n'avons qu'à nous louer de nos rapports avec les *Esprits* ! ils nous aident, nous secourent.

Parce que vous recevez quelquefois de bons avis, de petits services, vous en concluez que ce sont des *bons Esprits*. La meilleure preuve que ce sont des ennemis ou des parasites, c'est que, dans toute médiumnité, il y a chez le médium une dépense de vitalité d'abord, puis des troubles nerveux et cérébraux qui, dans les commencements, n'apparaissent pas, surtout aux yeux de ceux qui vivent avec lui, mais qui n'en existent pas moins et qui vont s'aggravant, de telle sorte que la personne qui a connu le médium, avant ses exercices spirites et qui le revoit un ou deux ans après, se rend parfaitement compte du changement. Si les *Esprits* qui se communiquent médiumniquement pouvaient être conscients, s'ils étaient *bons*, ils cesseraient de se manifester ainsi, ou plutôt ne l'auraient jamais tenté. Mais si les personnes qui ont l'habitude de voir ces mediums et qui sont en contact journalier avec eux ne s'aperçoivent pas du désastre, c'est qu'ils sont simplement atteints eux-mêmes, car la névrose ou les troubles intellectuels sont contagieux.

C'est pour cela qu'on a soin de prendre des gardiens robustes et *ininfluençables* dans les asiles d'aliénés. Une personne tant soit peu impressionnable ne résisterait pas.

L'homme-mouton est si facile à entraîner, à captiver, à suggestionner qu'il suffit quelquefois d'un des spécimens du genre exalté pour imposer à toute une foule les conceptions de son esprit délirant. Les fondateurs de cultes, les apôtres de toutes les religions qui, pour la plupart, n'avaient qu'un but politique, ont commencé par s'entraîner méthodiquement et automatiquement.

L'idée la plus baroque, le sentiment le plus romanesque s'empare d'un cerveau; l'enthousiasme l'exalte, centuple ses forces; puis vient le fanatisme (l'explosion) et avec lui l'esprit de secte qui s'étend, se multiplie, enserre dans ses liens une multitude entraînée, haletante, subjuguée. Cette pile formidable de cerveaux humains surchauffés, subissant la plus formidable pression, génère un courant de forces auxquelles rien ne résiste.

La cohue humaine est un ouragan qui brise, rénverse, détruit tout sur son passage. Mais quand vient enfin le calme, après l'orage, l'homme, qui a su se garantir des chocs et se mettre à l'abri sous le roc de la raison et du bon sens, fait entendre enfin sa voix, et elle est écoutée, parce que le silence qui a succédé au bruit permet à tous de se recueillir et de tendre l'oreille. Alors la réaction se fait; l'humanité se ressaisit et perçoit cette voix intérieure qui lui révèle enfin ses vraies destinées.

Le sentimentalisme, quand il n'est pas contre-balancé par la saine raison, est un fléau destructeur, sous son masque séduisant; les mots de dévouement, sacrifice, solidarité, amour, déguisent et dissimulent l'égoïsme, la férocité et la haine, en un mot l'esprit sectaire ou simplement l'imbécillité. Avant de se dévouer, avant d'accepter une solidarité, avant d'aimer, il faut avoir le discernement, il faut connaître ce qui est bon, ce qui est vrai, ce qui est juste.

La connaissance avant l'amour, la lumière éclatante avant les ténèbres ou les lueurs incertaines, la prudence avant la témérité; après cela, on peut marcher, on peut s'élancer jusqu'aux sommets, on peut rassasier son cœur et ses sens, on peut se livrer tout entier à ses besoins d'aimer et d'être aimé, parce qu'on sait où l'on va, ce qu'on veut, parce qu'on connaît l'objet de son amour et de sa prédilection.

Le flambeau de l'intelligence éclaire la route; on n'a plus à craindre les faux pas ni les chutes; on peut cueillir les fleurs qu'on rencontre et en respirer les parfums. L'intelligence nous fait distinguer les produits vénéneux des substances salutaires; la volonté forte et éclairée nous fait subjuguer les êtres malfaisants et nuisibles, et briser les obstacles qui s'opposent à la marche en avant de l'humanité libre et désabusée.

L'homme-mouton, l'enfant dont le cerveau est rempli de théories creuses ou de vague sentimentalité que les religions, les sectes de toutes sortes, ont entretenues, que les milieux ont favorisées, ne brisera pas facilement les mailles de tous ces filets. S'il reste fidèle aux leçons apprises, s'il prend au sérieux tout ce qu'on lui a enseigné, il pourra devenir visionnaire, extatique, medium ; il recevra des inspirations, communiquera avec les êtres dont la croissance se fera à ses propres dépens. Il verra la Vierge, les Saints, assistera à des scènes de martyrologe, il verra Mahomet, Allah, les houris, mangera du couscous spirituel; il chantera des psaumes, s'abîmera dans la contemplation d'un paradis qu'il extériorise; il se fondra dans l'Esprit pur, et semblable à la goutte d'eau, il se perdra dans l'immensité de l'Océan sans rivages, dans ces champs de l'Infini où nul ne pourra plus jamais le reconnaître ni le découvrir.

Il racontera ses visions, prophétisera; il groupera autour de lui des fervents et des prosélytes. Les diverses sectes s'empareront de lui et de ses divagations, exploiteront la crédulité publique et feront tourner à leur profit respectif toutes ces élucubrations et toutes ces rêveries.

Le spirite y verra l'intervention de désincarnés qui n'auront pu secouer les préjugés catholiques, protestants, musulmans, etc.; le catholique y verra l'intervention d'un ange, si l'ange est orthodoxe, du diable, si le diable est hérétique. Chacun, en un mot, imbu de ses propres idées, interprètera les faits en sa faveur, en faveur de sa doctrine. Et tous s'anathématiseront, se feront une guerre sans trêve ni merci. Autrefois ils se brûlaient, se pendaient, se fusillaient ou s'écartelaient; aujourd'hui, grâce à l'adoucissement des mœurs et surtout grâce aux gendarmes, ils se contentent de se critiquer dans des termes tantôt modérés, tantôt virulents. La plume et la parole ont remplacé l'épée et le bûcher; mais la guerre, toute intellectuelle qu'elle est, n'en est pas moins âpre. On n'atteint plus le corps, on fait pis, on atteint l'intelligence, on désagrège l'individualité pensante qu'on veut plonger dans les ténèbres de la foi ou dans les fausses lueurs d'une science menteuse.

Si cet homme-mouton ou cet enfant, parvenu à l'âge d'homme, parvient, en changeant de milieu, à chasser ces premières impressions, il va tomber de Charybde en Scylla. Il deviendra un sceptique et un négateur à outrance. Tout lui paraîtra chimères et illusions.

S'il a du goût pour l'étude, il acceptera bientôt les théories néantistes qui ne voient dans l'homme et la matière qu'un mécanisme inventé par le hasard et que le hasard détraque à sa guise.

Le sensualisme le plus abject sera sa philosophie, à moins que, las et rempli de dégoût pour la vie, il ne se jette dans ce néant qui l'attire par un prompt suicide, ou par un vide qu'il creuse dans sa pensée, suicide lent. Il est vrai que le goût de quelque art ou d'une branche de la science matérialiste pure peut l'entraîner dans une spécialité. Là il s'ankylose et s'engourdit.

Très habile parfois dans la partie qu'il aura choisie, il passera pour un homme de talent ou même de génie, mais qu'est-ce que le génie sans la flamme intérieure qui éclaire la vie et fait pressentir des destinées supérieures ? Quelle que soit l'opinion qu'on aura de lui ou qu'il aura de lui-même, il ne saurait être qu'un médiocre ou un borné.

V

Comme tous les sectaires ou sectateurs, le spirite, mais celui-ci plus que tout autre, parce qu'il a des prétentions scientifiques, s'emparera des découvertes et observations faites dans tous les domaines. Il les fera rentrer dans le cadre de sa doctrine, et si le cadre est trop étroit, il n'élargira pas le cadre, oh ! non, il mutilera, il rognera le fait pour le forcer à entrer. S'il perçoit autour de lui les mots de psychologie, magnétisme, science occulte, il se précipite, prend le mot au collet, l'accapare et lui accole un qualificatif qui n'égare pas le lecteur ou l'auditeur ; tout ce qui se dit ou se fait sous ces diverses dénominations, lui revient de droit, lui appartient : c'est du spiritisme ou cela mène au spiritisme. Et l'on assiste à de longues, longues conférences où l'orateur spirite accable ses auditeurs sous un flot d'éloquence, de paroles, de palabres, de dissertations où il est question de tout, excepté de ce qui constitue le spiritisme. Et l'auditeur bénévole sort de là avec la migraine en se demandant ce que tout cela signifie; mais il se dit peut-être que les spirites sont tout de même des gens *rudement forts*; à force d'entendre le mot spiritisme, il se figurera que toutes les inventions passées, présentes et futures, sont dues aux spirites qui, semblables au lierre, se cramponnent au chêne et font croire qu'ils sont destinés à abriter le monde.

S'il voulait réellement s'instruire, s'éclairer sur la question spirite, s'il voulait entendre parler de communication avec les *désincarnés* et non avec d'autres entités, avoir des preuves de l'identité, il ne pourra éprouver que de la déception. On lui a parlé des expériences de télégraphie sans fil, de photophone, de télépathie ; on lui a narré avec force détails tous les phénomènes psychiques; un tas de noms ont défilé sous ses yeux ; mais on a passé très légèrement sur le point capital : l'identité du désincarné, et si, par hasard, cette question épineuse est abordée, c'est avec les plus grandes précautions oratoires, et où l'on sent chez le conférencier une gêne qu'il dissimule sous les fleurs de rhétorique et les digressions les plus savantes. L'épiphonème habituel clot cette longue harangue mâtinée d'homélie à allure scientifique : l'âme, *délivrée de sa prison charnelle, s'élance enfin dans les champs de l'Infini !*

C'est toujours la même conférence sous des titres légèrement variés. En sortant, on vous remet un numéro de revue spirite, un catalogue où vous pourrez consulter les ouvrages spirites, si le cœur vous en dit. Mais c'est là la conférence du *leader*, du *maître* ou du disciple ayant assez de bagout et suffisamment gavé de lectures spirites. Il y a un autre genre de conférenciers : ceux-ci, tout en étant aussi zélés, sont en revanche plus ignorants. Ce sont les comparses, les accompagnateurs du *trémolo* spirite. Ils font de petites causeries dans un groupe modeste; parfois un médium *inspiré* récite des vers, improvise; on fait de la musique et quelquefois on termine par une danse de table. On ne s'ennuie pas.

Pendant les intermèdes, un monsieur ou une dame vous raconte ses expériences avec les *Esprits*; vous frissonnez ou vous riez suivant les cas. C'est tout à fait délicieux.

Chaque groupe, chaque spirite a son *guide spirituel*, et naturellement, bien que s'entendant tous sur le point principal, *la nécessité de la mort e. des épreuves corporelles*, ces guides, s'adaptant au milieu, au tempérament et à la culture psychique avec lesquels ils sont en affinité, ont des théories variées. Comme les spirites eux-mêmes dont ils sont les prolongements, ces guides ne sont pas toujours animés de cette charité dont ils font parade à tout instant; ils se jalousent, se persécutent ou se raillent. Il semble que dans cette république anarchique invisible, calquée sur celle du monde visible, il y ait des rivalités, des haines terribles.

Chacun évidemment se dispute ces proies faciles, les médiums, les spirites, ces êtres faibles, qui n'aspirent qu'à la *vie spirituelle* et n'ont qu'un souci, celui d'être délivrés au plus tôt de leur enveloppe charnelle. Ces *Esprits* parviennent à leur but, en flattant les manies, les petitesses, les vanités et l'orgueil de leurs adeptes qui, tous et chacun, se croient supérieurs au reste de l'univers. Ils leur montrent des campagnes fleuries, des villas et des châteaux fantastiques, demeures *fluidiques* semées çà et là dans ces fameux *Champs de l'Infini*, où ils pourront s'arrêter et séjourner de temps en temps, quand ils seront fatigués de leurs pérégrinations.

Ils réservent à chacun un rôle superbe, une situation à rendre jaloux les héros des *Mille et une Nuits*. Je m'étonne, après cela, que les adeptes puissent supporter un jour de plus le fardeau de cette misérable vie terrestre. Il est vrai que c'est une *épreuve* qu'il faut subir sans murmurer, si l'on veut gagner toutes ces félicités... Mais, en attendant, quel supplice de Tantale!

La caractéristique du spirite, d'une manière générale, est la verbosité et la prolixité. Il est de plus d'une obstination dont on n'a pas idée; on le prendrait au premier abord pour un homme de tête, alors qu'il n'est qu'un entêté. Il a sa théorie toute faite, son plan arrêté; vous essaierez en vain des objections, il continuera la conversation commencée et suivra toujours la même idée, sans jamais s'en laisser détourner. Il prêtera à ses contradicteurs ou ses adversaires des arguments ou des idées qu'ils n'ont jamais eues et raisonnera ou déraisonnera sur des thèses fantaisistes à perdre haleine. Vous ne le surprendrez jamais, jamais vous ne le mettrez en défaut ou en contradiction avec lui-même. Cet homme est impitoyable avec ses grands mots de pitié, de charité, de dévouement; il est férocement illogique avec sa logique; il est cruellement anti-scientifique avec sa science, et il est surtout aveugle avec sa lumière.

Tout ce qui n'est pas spiritisme le laisse froid et indifférent. Il est muet si par hasard il se trouve dans un milieu étranger à ses conceptions, à moins qu'un mot prononcé n'éveille en lui le besoin de parler et de faire du prosélytisme, et alors malheur aux assistants. Ils n'échapperont à ses déclamations que par la fuite, et, encore peut-être les retiendra-t-il par le pan de leur habit. Il a le caractère impérieux, tyrannique; il veut avoir la préséance dans toutes les réunions spirito-occulto-magnéto-scientifiques. Il marche toujours la tête haute, l'air assuré ; c'est un homme qui possède la vérité, la vérité spirite qu'on doit accepter sous peine de nombreuses réincarnations et de douloureuse erraticité dans l'intervalle. Il raille pesamment, pendant des heures, les doctrines contraires, persifle, sans perdre haleine, les autres cultes et leurs fidèles. Le spiritisme, tout est là ; il est l'alpha et l'omega ; en dehors du spiritisme, il n'y a rien, rien.

Le type paraît forcé ; il ne l'est point, et tous ceux qui ont fréquenté le monde spirite en conviendront. Ils ne sont pas tous sans doute arrivés à ce *status* ; mais ils s'y acheminent lentement et sûrement, ou alors ils sont des tièdes, des dilettanti. Je ne parle que de l'apôtre ou du catéchumène qui a renoncé au monde matériel, à ses pompes et à ses œuvres pour se vouer au culte spirite, à la religion spirite, à la propagation de la foi spirite.

VI

On trouve des analogues dans toutes les religions, chez tous les sectateurs, quel que soit leur culte.

Tantôt onctueux, souples, tantôt impétueux, bouillants, ils prêchent, ils argumentent, ils prônent. Leur seul défaut, le seul défaut de toutes ces religions, c'est la prédominance ou l'excluvisme du sentiment, de la passion, qui emporte la raison et quelquefois l'annihile : d'où le désordre des sens, prélude du désordre intellectuel. Rétablissez l'équilibre dans les facultés, harmonisez toutes les parties de l'être ; sentez, écoutez, observez dans le calme et la paix, et la voix intérieure parlera, elle vous guidera sûrement.

La vérité ne se révèle qu'aux consciences tranquilles, sans ambition; elle ne s'expose et ne s'impose jamais; elle s'éloigne du bruit et des discussions stériles. En dehors de nous, il n'y a que des phénomènes; le noumène est en nous. Il n'y a de vrai, de réel que ce dont nous prenons conscience. L'idéal divin est l'idéal humain. La conscience humaine en qui brille la lumière pure est la norme qui règle la pensée, et la pensée c'est l'idéal en mouvement, mouvement désordonné, si l'équilibre, qui est la connaissance, fait défaut, ordonné, régulier, harmonieux dans le cas contraire. L'ordre matériel, dans le macro et le microcosme, procède de l'ordre intellectuel. Quand l'humanité sera parvenue à l'équilibre mental, tout rentrera dans l'ordre.

Alors plus de souffrance, plus de ces luttes atroces. Il ne restera que l'effort continu et désormais sans entrave de l'esprit marchant à la conquête progressive de tout ce qui élargira sa puissance, ses jouissances et ses aspira-

6.

tions. L'idéal ira toujours grandissant; on s'en approchera toujours, sans cependant l'atteindre jamais; mais le désir lui-même est une jouissance; si tous les désirs de l'homme pouvaient être rassasiés et comblés, il cesserait d'être, il s'arrêterait, il se figerait dans l'immobilité, il ne serait plus l'infini, parce que ses désirs seraient eux-mêmes finis. La pensée est une assymptôte qui se rapproche toujours et de plus en plus de l'Idéal sans l'atteindre jamais.

L'homme, sous l'influence atavique de doctrines nées de l'imagination déréglée, qui a considéré les forces de la nature comme souveraines, qu'il a personnifiées et auxquelles il s'est soumis sans se douter qu'il n'était pas fait pour elles, mais qu'au contraire elles étaient faites pour lui, l'homme a abdiqué, il a, pour ainsi dire, cristallisé ses pensées et ses rêves, à chaque stade de son évolution, il a successivement changé les noms, les attributs et les symboles; mais toujours cette idée de soumission à une force qu'il n'a pu maîtriser a dominé ses conceptions; il s'est tantôt résigné, et alors il est tombé dans le fatalisme aveugle ou providentiel, tantôt révolté, et il est alors tombé dans le désordre et l'anarchie. Ne pouvant être le maître et refusant d'être esclave, il s'est meurtri la chair contre les barreaux de sa cage, il a usé et brisé, dans des efforts stériles, les ressorts et son énergie.

Il n'a pas eu le sang-froid nécessaire dans

l'action, le coup-d'œil qui mesure les difficultés, la réflexion qui combine et proportionne les efforts, la volonté froide et concentrée qui les dirige. On ne peut conquérir tout à la fois, il faut agir avec mesure et prudence, avancer pas à pas, ne jamais faire de bonds et ne rien remettre au hasard. C'est ainsi et non autrement que nous acquerrons la connaissance de nous-mêmes et de ce qui nous entoure; par cela même nous deviendrons libres et nous règnerons en maîtres, en arbitres de nos destinées.

CHAPITRE IV

L'Occultisme comparé

I

L'Occultisme, science éminemment pratique, a sa source en Orient et remonte aux époques préhistoriques. Cet occultisme, à la fois ésotérique et exotérique, symbolique et réel, repose non sur des théories et des hypothèses, mais sur l'expérience, sur la logique et la raison alliée à l'intuition la plus pure. Les occultistes de l'occident ont puisé partie de leurs pratiques et de leurs théories dans les enseignements des maîtres orientaux, mais en y mêlant beaucoup de fantaisie et d'idées personnelles, ce qui fait que l'étudiant intellectuel pour peu qu'il ait l'esprit libre, se contente d'admirer l'imagination féconde des écrivains actuels ou s'efforce vainement de trouver le fil d'Ariane qui le guidera dans ce labyrinthe.

Une tradition d'abord orale, puis écrite, s'est transmise d'âge en âge, à travers les siècles, et les hommes qui la possèdent dans son intégrité et sa source originelle, sont extrêmement rares en Europe, si réellement il en existe, ce dont je doute. Cette tradition a été successivement reçue et commentée par les Hindous, les Egyptiens, les Mèdes, les Perses et les Juifs, etc., qui, sous des voiles de plus en plus épais, est arrivée jusqu'à nous.

Les études etnographiques nous retracent pour ainsi dire point par point, mathématiquement, la voie suivie par le Verbe Universel qui, suivant les milieux, a subi des altérations et a reçu des adaptations diverses, mais qui demeure identique au fond pour celui qui dépouille l'écorce des choses.

« La civilisation antédiluvienne, dit Jacolliot, dont le centre fut l'Asie, et qui fit rayonner ses fils dans toutes les contrées occidentatales, a laissé partout ses traces les plus profondes, elle semble s'être étendue de l'Est à l'Ouest, alors que l'Europe n'était qu'un glacier dans le sens du tropique nord depuis la Polynésie, la Chine, l'Inde, jusqu'aux côtes du Mexique qui se seraient prolongées fort avant dans l'Atlantique, et dont les Açores, les Canaries, Madère seraient les derniers vestiges. D'un autre côté, un vaste continent inscrit dans le triangle formé par les Sandwich, la Nouvelle-Zélande et l'île de Pâques, se serait étendu du tropique nord au tropique austral.

« Dans cette hypothèse, une partie de l'Amérique du Sud et du continent africain, n'aurait été représentée, dans le monde géographique, que par des îles formées par leurs hautes montagnes émergeant audessus des eaux.

« L'hypothèse de cette première zône civilisée s'étendant de l'est à l'ouest, de l'Asie aux rives du Mexique, devient presque une vérité scientifique en face des nombreuses identités de types, de coutumes et de ruines...

« A mesure qu'on se rapproche de l'Inde, les signes de colonisation se pressent en telle abondance que ce n'est plus une preuve à faire en science que le berceau des races européennes soit en Asie, que l'Inde soit l'*Alma parens* de l'Occident, et la Grèce et l'Egypte, filles aînées de la vieille terre des Brahmes. Grec, latin, scandinave, germain, celte, breton, sont des dérivés de la vieille langue scientifique qui se parlait dans les plaines de la Chaldéo-Babylonie. »

Des traces de la légende hindoue se retrouvent non seulement dans ces continents, mais encore dans les îles de la Polynésie, preuve que ces îles ont dû être rattachées au continent asiatique, mais que des bouleversements ont séparées.

De même les îles Madère, Canaries, Açores, Cap-Vert, ont dû faire partie d'un continent, l'Atlantide ; en un mot, pour que des légendes, des mœurs, une langue dont on retrouve la racine commune, se transmettent ainsi, il est de toute nécessité d'admettre une source commune.

Les découvertes scientifiques modernes ne sont que des réminiscences, ce sont des *redé-*

couvertes qu'on reconstitue avec grand peine, mais avec patience et ténacité.

On n'a qu'à relire les textes anciens, on en trouvera la preuve. Les armes à feu étaient connues. Il en est question dans Agathias (De rebus...), Sozomène (Histoire ecclésiastique). Tite-Live, Pline, parlent de l'électricité, du paratonnerre.

Ovide, Denis d'Halicarnasse, Joséphe, Dnoi Chrysostôme, Clément d'Alexandrie, Suidas, Marcellin, font allusion à toutes les inventions modernes. Il faut se reporter au Zend-Avesta, au Yadjour-Veda, au poème de Job, à Porphyre, à Ctésias, à Hérodote, à Justin, à Pausanias, à Claudien, à Jamblique, etc. Les Védas, les Pouranas, les Kings, Les Papyrus, les Stèles, sont des documents précieux, qui nous dévoilent toute une civilisation auprès de laquelle la nôtre n'est que barbarie. Enfin grâce aux recherches qui ne remontent guère qu'à un siècle, (je parle des Européens), grâce à William Jones, qui révéla le *sanscrit* (le sanscrit de la deuxième époque, il est vrai et bien pâle reflet de la *langue sacrée* toujours inconnue), grâce aux Colibrooke, Strange, Halled, Schlegel, Burnouf, etc., l'Europe pourra retrouver la généalogie humaine.

La psychurgie, la théurgie, la démurgie, dont le magnétisme, l'hypnotisme et la magie actuelle, ne sont que de pâles reflets, étaient des arts arrivés à leur apogée. Les Yougs des

Brahmes, les Sares des Chaldéens, le Séthiques des Egyptiens, les Shanhas et Isméis de Moïse, sont toute une révélation.

L'antique parole s'est répandue à travers les générations, mais comme les eaux d'une source pure s'est chargée de toutes sortes d'impuretés, en sorte que pour remonter à l'origine et pour retrouver la vérité ainsi obscurcie, il faut au chercheur des qualités peu communes.

Les traduction et les commentaires, les commentaires des commentaires, les interpollations, les mélanges d'idées personnelles ont fait des divers ouvrages que nous possédons un assemblage assez disparate de vérités et d'erreurs, de contre-sens et même de non-sens. Les symboles ont été quelquefois personnalisés; des systèmes basés sur la connaissance plus ou moins grande des lois et des forces naturelles, ont donné lieu à des interprétations assez contradictoires et des confusions dans l'application des données de l'ésotérisme.

Les religions, boudhisme, brahmanisme, et bonne partie des sectes chrétiennes, etc., sont aujourd'hui en discrédit, parce que leurs prêtres ont perdu la clef qui ouvre le tabernacle où sont renfermés les trésors de vérités et sont tombés dans la superstition et le charlatanisme. Ils ne sont plus des pasteurs de peuples, mais des loups; on n'a plus partout que des castes orgueilleuses qui fondent leur domination sur la peur et la faiblesse. Ce sont des ignorants pour la plupart. Ceux qui, sous le nom de Fakirs, produisent des phénomènes aujourd'hui connus et qui ne peuvent plus être niés, bien qu'ils semblent tenir du miracle, ont tout simplement la faculté d'extérioriser leurs divers états à volonté.

Mais ils ne connaissent pas les lois, ils ne commandent pas aux forces naturelles; ils s'y soumettent, absolument comme les spirites, avec cette seule différence qu'ils produisent des phénomènes inconnus de ceux-ci, et qu'ils s'entrancent quand ils veulent. Leur genre de vie, leur entraînement, le climat, le milieu, tout les favorise. Au dessus de ces *ouvriers* inconscients, planent les initiés et les maîtres dont les pouvoirs et la connaissance varient, suivant leur développement. Chez eux, tout repose sur la hiérarchie, tout est ordonné. Chacun occupe sa place, suivant ses capacités et son mérite. Les plus élevés possèdent certainement la clef; ils connaissent les origines cosmiques, les causes et les lois, ils peuvent manier, diriger et utiliser les forces de la nature. Ils connaissent la constitution de l'univers et de l'homme, les modes de formation et d'évolution (1). Ils savent que, bien avant l'époque adamique, l'homme du premier âge, émanation de la Cause Cosmique, a possédé la

---

(1) Voir *les Origines cosmiques* (journal du Magnétisme, n° de septembre 1899), par Max Théon.

puissance et la souveraineté et que, s'il les a perdues, s'il ne s'est pas maintenu intact et libre, cela est dû à la division et aux rivalités suscitées par les principautés et leurs agents de tous ordres qui, formés pour être les intermédiaires et les serviteurs de l'homme, se sont révoltés contre lui et ont tenté, avec quelque succès, de prendre sa place. Ils savent qu'à l'origine, la terre n'était pas le globe terraqué que nous voyons, sujet aux bouleversements, aux intempéries et à tous les désordres : l'ordre et l'harmonie régnaient, parce que l'homme, maître intelligent, possédait le savoir et la puissance sur tout ce qui l'environnait. Ils savent que l'homme a été formé pour l'immortalité sur la terre et que la mort, comme les maladies, est la conséquence du désordre.

Ils savent qu'après des luttes formidables qui durent depuis des siècles et des siècles, l'homme recouvrera sa puissance et son premier état, que, tout rentrant dans l'ordre, la terre redeviendra un séjour de félicité pour son souverain enfin rétabli dans son autorité. Ils savent que la mort est une mutilation et un malheur, que les *Champs de l'Infini* sont peuplés d'êtres à tous les degrés, où règnent, comme sur la terre, la discorde et la confusion, que, loin d'y trouver la béatitude, les restes de l'homme mutilé n'y rencontrent que la douleur et l'affliction.

Ces maîtres inconnus qui règnent en souverains et qui commandent à leur entourage visible et invisible, étendront peu à peu, au fur et à mesure de l'évolution intellectuelle et surtout de la purification atmosphérique, le champ de leur action sur l'humanité qui souffre et qui aspire à de meilleures destinées.

Quand les Initiés auront pu substituer la vérité aux erreurs et aux chimères que les puissances ténébreuses entretiennent dans les cerveaux humains, quand, par suite des progrès de la science et des découvertes qui vont se multipliant de jour en jour, l'homme ouvrira les yeux à la lumière et prendra conscience de lui-même et de la réalité, alors la nature retombera, et cette fois pour jamais, car une lutte aussi gigantesque ne se recommence pas, sous la domination humaine.

« Tout cela, dit encore Jacolliot, par la loi fatale des milieux, s'est rapetisé, s'est harmonisé avec l'ilot ou le récif habité. Telle croyance a perdu son symbole, telle superstition a disparu, telle autre au contraire s'est généralisée ; la langue s'est simplifiée au point de ne plus permettre la moindre conversation philosophique ou scientifique ; mais le sceau ineffaçable de l'origine commune s'est conservé ».

II

Cette tradition et cette connaissance en même temps ont été entrevues vaguement à travers les âges. On en trouve des traces principalement dans le judaïsme et le christianisme qui n'est qu'un amalgame du premier avec les pratiques boudhiques et brahmaniques. L'hébraïsme primitif, inconnu des auteurs modernes, recèle toutes ces vérités.

Les compilations d'ouvrages eux-mêmes mutilés, falsifiés ou mal traduits, pâle et trompeur reflet du texte original, ont donné lieu à toutes sortes d'interprétations où chacun a voulu voir ce qui flattait ses tendances ou ses préférences personnelles, à tel point que personne n'a su démêler la véritable cause de la chute ou de la déchéance. Les uns se sont bornés à nier cette chute, à nier le mal et le désordre, les autres ont fait du Mal un dieu et l'ont opposé au Bien, autre dieu, luttant l'un contre l'autre, avec des chances à peu près égales. Enfin les *scientistes* ont voulu voir dans les forces destructives une *nécessité aussi nécessaire* que les forces formatrices et conservatrices, sans expliquer pourquoi.

Ce problème du mal et de la réintégration a fait l'objet de discussions interminables, et finalement, de ce fait que la vie terrestre est remplie de misères, on a conclu qu'on ne pouvait rien faire et qu'il valait mieux se résigner.

De ce fait que l'homme a *toujours* subi la transition et qu'il ne peut pas faire autrement (à ce qu'on croit), on a conclu à la nécessité de la mort. Puisque nous mourons, c'est que nous devons mourir. Puisqu'il est impossible de trouver la paix et le bonheur sur cette terre où règne tant de désordre, il faut chercher une autre demeure : le ciel, les champs de l'infini, mots et situations des plus vagues dont on n'a aucune idée.

Tous se sont inclinés; les uns attendent patiemment le moment d'entrer dans ce séjour de délices; les autres, réfractaires à cette conception, se résignent à retomber dans ce néant d'où, croient-ils, ils sont sortis. En un mot, la mort a été acceptée par tous comme une nécessité inéluctable.

Quant à ce fameux protoplasma qui est devenu un homme, les initiés savent, aussi bien que Darwin et autres anthropologistes, qu'il est incontestablement l'origine des espèces qui évoluent dans chaque série, qu'il est également l'origine des antropoïdes et de certains spécimens du genre *homo*. Il est vrai que l'examen superficiel de l'homme en général peut amener cette confusion; mais avec les progrès de la science, de la physiologie seulement, on saura rétablir les faits.

Tous les fléaux qui se sont abattus sur la terre et sur l'humanité ont été attribués à l'intervention de divinités qui punissent ainsi les révoltes ou le manque de résignation, alors qu'ils ne sont que le résultat de son ignorance et de sa faiblesse (car les dieux ne pourraient rien sans sa complicité), et de tous côtés, sous toutes les formes, l'homme tremblant a offert à ses maîtres cruels des sacrifices sanglants:

le char de Jaggernaut, tantôt hindou, tantôt chrétien, a broyé les chairs et les consciences.

Le Mal a été fait Dieu et les hommes l'ont adoré. Peu à peu, les ténèbres se dissipant, les conquêtes successives remportées sur les forces naturelles, ont dessillé les yeux, et l'homme intellectuel a compris qu'il dépendait de lui et de lui seul, de soumettre à son tour une puissance à laquelle il s'était soumis lui-même. Il est parvenu, dans une certaine mesure, à enchaîner les eaux, l'air, la foudre, les fléaux ; il a arrêté les torrents, il a calmé les tempêtes, il a subjugué l'électricité, enrayé la marche de la peste et autres maux épidémiques.

Tous ces progrès encore bien restreints et tous ceux qu'on pressent sont un gage de résurrection.

Il est hors de doute pour tout penseur que là où l'homme combat, là est le salut, que là où il est, là il doit rester, que sa véritable patrie est la terre. Peut-on vraiment concevoir que les générations qui se succèdent travaillent, luttent et souffrent pour améliorer les conditions de la vie terrestre dans l'espoir chimérique d'une autre vie, qu'elles consacrent tous leurs efforts et toutes leurs énergies à une œuvre dont elle ne pourront jamais jouir et qui par suite sera absolument inutile ? La logique, le bon sens, l'observation, tout proteste contre une idée aussi fausse. Si cette conception était sanctionnée par les faits, si elle avait un fondement rationnel, si elle était vraie, tout progrès devrait immédiatement cesser ou plutôt jamais aucun progrès n'aurait pu être réalisé ni même dû être tenté.

L'humanité tout entière devrait imiter ces mystiques, logiques avec eux-mêmes, qui se cloîtrent et se macèrent pour faire éclater la gloire de leur Dieu, de ce Dieu qui veut la mort de l'homme. Cette terre n'étant qu'un séjour de souffrances, qu'on doit abandonner un jour pour jamais, quel intérêt a-t-on à l'améliorer? Ce corps qui s'use et qui est destiné aux vers, à quoi bon l'entretenir et le conserver? La terre ne devrait être qu'un immense monastère où les hommes passeraient leur courte vie à pleurer, gémir, se lamenter, prier et offrir des sacrifices aux dieux. Que dis-je? Comme le mysticisme incline au célibat, la terre devrait être dépeuplée depuis longtemps, depuis des milliers de siècles, et du haut de leur paradis, les âmes on Esprits, dépouillés de leur corps de chair, pourraient la contempler roulant dans l'espace, comme une épave abandonnée et inutile.

Quant à ce corollaire que la terre est un lieu d'épreuves et d'épuration, qu'un Dieu anthropomorphe a créé l'homme tel qu'il est avec des organes *matériels* uniquement pour les lui ôter un jour, qu'il a créé en un mot tout ce que nous voyons, tout ce qui fait notre joie ou notre espoir, qu'il a mis dans notre intelligence et notre cœur, le désir de rendre de plus en plus habitable un séjour que des êtres ennemis ont gâté, qu'il a créé dans nos âmes des sympathies et des amitiés pour les briser, pour avoir le plaisir ineffable, qu'il veut faire partager à sa créature, d'anéantir un jour toutes ses œuvres, tous les efforts de l'homme, il n'est pas un penseur sérieux qui ne répudie une pareille théorie.

Les anciennes écritures, dont la *Kabbale* (tradition orale) malheureusement incomprise est le résumé ou la quintessence, contiennent les récits de la formation de l'homme et de l'univers. La kabbale, dont le texte authentique est absolument inconnu des Européens, a conservé la vraie tradition orientale; elle est la clef de la connaissance et de l'art occulte, et quand les maîtres inconnus auront résolu de la divulguer tout au moins dans les parties que l'homme, dans son état actuel, peut recevoir et utiliser, l'aspect de la vie changera. Il y aura d'abord dans l'intelligence comme un éblouissement, puis une transfiguration ; on s'apercevra que toutes ces lueurs indécises qu'on prend pour de la lumière n'étaient que des signes précurseurs annonçant l'aurore. Le doute et la crainte feront place à la certitude et à la confiance.

La voie aujourd'hui semée d'embûches sera éclairée et on marchera d'un pas assuré.

L'homme devenu libre verra clairement en lui et autour de lui. Les ténèbres où se réfugient la foi aveugle et le mystère seront dissipées ; plus rien n'arrêtera l'essor humain affranchi désormais de toute entrave.

III

On connaît la théorie de ceux qui prétendent que l'homme a évolué du protoplasma et que la matière grosse d'intelligence et de vitalité a donné naissance à des êtres sériés en suivant un mouvement ascendant. Nous ne pouvons admettre logiquement que la matière possédant, il est vrai, des forces et des propriétés latentes, mais en passivité, se développe d'elle-même sans un germe actif. Le moins ne peut produire le plus, il faut une addition ou une aide extérieure. Cette aide, c'est l'intelligence universelle infime dans le minéral, radieuse et toute puissante dans l'homme du premier âge, de l'homme émané directement de l'Impersonnel Cosmique. C'est donc l'Impersonnel Cosmique, incarné dans l'homme parfait, qui développe la matière protoplasmique.

L'observation attentive, les leçons de l'histoire nous enseignent que l'homme occupe des stades différents. Il y a unité d'origine, mais plusieurs modes de formations. L'homme *involué* est celui qui a reçu en principe l'esprit divin qu'il a enveloppé successivement de matérialités à tous les degrés, l'homme *évolué* est celui qui, sous l'influx du premier, a émergé des profondeurs de la matière moléculaire ; ce qui ne veut pas dire que l'homme involué a d'abord été *Esprit*, puis âme, etc., et l'autre minéral, puis plante, puis animal, etc. Je m'explique. Le germe spirituel se développe dans l'état spirituel, puis par son travail d'expansion et d'assimilation, il pénètre successivement les plans mental, psychique etc., où il s'assimile de nouveau états et où il revet les formes et la matérialité propre à chacun de ces états ; et enfin il devient *homme* quand il a possède toutes les matérialités, qu'il a développées et formées progressivement et dont la plus dense, qui constitue le corps physique, est la pierre angulaire de tout l'édifice.

De même, mais inversement, le germe protoplasmique, pour devenir homme, est développé par l'activité de l'homme originel jusqu'à ce qu'il atteigne la plénitude de la vie organique humaine.

Mais il n'a pas été d'abord protozoaire, poisson, etc. C'est par la transformation de ces catégories ou séries, ou, si l'on veut, par les morts successives, que les éléments qui ont constitué le protozoaire, le poisson, etc., ainsi mis en activité, peuvent se combiner, s'associer, suivant leur affinité, et cela indéfiniment, sous l'influx de l'Intelligence Universelle, incarnée dans l'Homme de formation spirituelle, jusqu'à ce qu'ils parviennent à l'individualité humaine.

L'homme *involutif* (je dis *involutif* et non *involué* pour distinguer l'homme le premier émané et ceux qui par la suite ont vu s'affaiblir leurs facultés supérieures) possède dès le principe le germe spirituel et certains états que l'autre, l'*évolutif*, ne reçoit que plus tard. Le premier perd son enveloppe physique, comme l'autre ; mais il y a cette différence que l'involutif peut conserver le germe spirituel et divers états acquis et par suite retrouver ou plutôt reconquérir l'individualité humaine, alors que le second, l'évolutif, qui n'est pas encore parvenu à recevoir le germe et à développer les états supérieurs, perd l'individualité sans retour ; les éléments qui l'ont constitué se combinent et s'associent de nouveau pour donner lieu à des manifestations de vie et d'énergie. On comprend l'importance de la distinction.

J'ai parlé au début des sept états de l'homme ; je pense qu'on a compris qu'il était question de l'homme complet, de l'*Involué*. Il est vrai que, par suite des mélanges, les divers états supérieurs ont subi des altérations et des pertes qui ont peu à peu amené la confusion.

Le fait de cette double formation trouve sa démonstration dans l'examen des hommes en général et des civilisations anciennes. A l'*époque* actuelle, qui remonte aux âges pré-historiques, tout actuelle qu'elle est, peu d'hommes ont le sens intime, le ressouvenir latent e héréditaire d'une condition supérieure; la fusion et la confusion des races et des peuples ont amoindri dans les générations les sens et les facultés d'origine spirituelle et toutes les formations sont réduites à un mode unique, en sorte que les descendants des *involués* sont obligés, comme les *évoluants*, de retracer et de *remonter* le chemin par où ils ont *descendus*; ce qui a amené l'opinion que toutes les formations humaines procèdent *directement* du protoplasma; mais dès l'origine, dans l'antiquité la plus reculée, et encore, Dieu merci, dans certaine contrée de l'Orient que les barbares européens et autres n'ont pas foulée et qu'ils ne fouleront pas, la tradition pure et sans mélange qui s'est conservée a maintenu et développé par voie d'hérédité et de sélection, ce sens intime et les états supérieurs en même temps que la connaissance et le pouvoir.

De ci de là on rencontre des personnes possédant des facultés inconnues à d'autres, des aspirations et une intuition remarquables.

On en voit des exemples chez quelques sensitifs, chez quelques chercheurs psychologues et immortalistes, ce qui nous fait concevoir l'époque lointaine où la plénitude de ces facultés n'était pas une exception et éveille en nous l'espoir d'une restauration. Malheureusement, ces sensitifs et ces chercheurs sont noyés dans la masse des *évoluants* et sont incompris, rebutés, quelquefois même persécutés. S'ils savaient se grouper, s'unir, en ayant soin d'éviter tout contact antipathique !

Les *évoluants* dominent, ils sont les plus nombreux et les plus forts. Très intellectuels en ce qui concerne le développement des choses physiques, ils sont complètement nuls en psychisme. Il ne faut pas leur en vouloir ; ils ne possèdent pas les états qui peuvent les mettre en rapport avec les faits d'ordre transcendant.

Rien en eux ne correspond à l'idée d'un état autre que celui qu'ils possèdent : l'état neurophysique ou organisme physiologique intellectualisé. La matière dont ils ont été formés n'a pas subi d'asez nombreuses préparations pour être susceptible de recevoir les germes psychique et spirituel. Leur parler d'âme, d'esprit, d'extériorisation, d'immortalité, etc., excite en eux le rire physiologique. Cela n'existe pas pour eux.

Mettez-les en présence d'un fait psychique, d'un état qu'ils appellent *anormal*, ils traiteront les sujets comme des pièces d'anatomie.

Mais prenez garde : vous rencontrerez des gens qui font profession de spiritualisme et qui n'ont rien en eux de ce qui constitue l'homme spirituel.

Il n'y a pas chez eux, et on le sent bien pour peu qu'on ait de perspicacité, cette conviction, cette connaissance, ce sentiment profond des états supérieurs. Ce sont des hommes de parade ;

ils travaillent dans un but personnel et pour s'élever audessus de la multitude. Sachons les démasquer.

A côté de ceux-là, nous avons les *imaginationnistes*, les rêveurs, gens sincères, mais inconsistants, amateurs du mystère et des situations bizarres et chimériques. Le rêve physiologique se confond parfois avec la contemplation spirituelle qui, pour être féconde et utile, doit reposer sur des principes certains, une connaissance exacte du monde extérieur, de ses illusions et de ses réalités.

Il y a un travail parallèle qui se fait. Il faut, momentanément du moins, une séparation ou division du travail, ce qui ne veut pas dire antagonisme. Je ne puis m'empêcher de sourire quand je vois de braves gens, se disant spiritualistes, s'évertuer à donner des conférences publiques ou à faire des démonstrations devant des personnes qui sont absolument incapables de les comprendre. Ils n'attireront que ceux qui sont en affinité avec leurs idées et les autres feront des gorges chaudes. Il est vrai que jusqu'à présent on a présenté, en Europe et en Amérique, l'idée spiritualiste d'une singulière façon et bien faite pour aliéner même les bonnes volontés.

Sélectez, sélectez ; unissez-vous suivant vos sympathies. Ne parlez pas à tous le même langage ; développez dans chacun ce qui est à sa portée et ce qui le touche ou ce qu'il est prêt à recevoir. Sans cela, vous perdez votre temps et vous vous épuisez en vain. Pourquoi, au surplus, voulez-vous torturer un cerveau qui n'a pas les qualités requises ? C'est manquer de charité et puis c'est s'exposer à fabriquer des mécaniques cérébrales qui se borneront, en supposant qu'on réussisse à les suggestionner, à répéter et souvent à dénaturer ce que vous leur aurez dit. Quels riches auxilliaires vous aurez-là !

Laissez naître en eux le désir, le désir sincère, le besoin vrai et impérieux qui dénote que le terrain est prêt, et alors vous sèmerez avec fruit; mais ne confondez pas le désir sincère avec la simple curiosité.

De même qu'entre le protozoaire et l'homme il y a une série d'êtres à tous les degrés et de puissance variée, de même entre l'homme et l'Impersonnel.

Ces êtres intermédiaires équilibrés, issus, comme l'homme, de l'amour libre et formés pour l'amour, dans un ordre parfait, vivaient entr'eux en bonne intelligence, et l'harmonie régnait dans leurs rapports entr'eux et avec l'homme : Le Cosmos était en paix. Mais dans leur désir d'expansion, les puissances de l'ordre invisible (invisible dans notre état actuel) n'ont pu maintenir l'accord entr'elles. Au lieu de se développer progressivement et sans heurt, suivant la loi de sériation, les unes ont voulu s'affranchir violemment et usurper le domaine de l'homme, tandis que d'autres, sentant que du désordre et la violence naîtraient la haine et la souffrance, résistaient et s'opposaient à ces empiètements. Mais toutes les créatures émanées de l'Impersonnel étaient libres, rien ne pouvait s'opposer à leur tentative et à l'exercice de leur liberté. L'expérience était peut-être nécessaire.

La guerre déclarée dans les plans hyperphysiques s'est poursuivie avec acharnement et actuellement, c'est-à-dire dans la période qui remonte à des milliers de siècles, elle semble se localiser dans le plan physique et le plan qui lui est le plus proche. Perdant toujours du terrain, les êtres de désordre et d'oppression, refoulés peu à peu et pour la grande partie, des plans spirituel, mental, psychique, se sont spécialement cantonnés dans le plan humain terrestre, dans les degrés nerveux (que les pseudo-occultistes désignent sous le nom vague de *plan astral*) et c'est ici que la lutte apparaît dans toute sa violence. Nous voyons dès lors apparaître toutes sortes de créatures, produits de ces puissances, nées dans l'anarchie et pour la destruction : Depuis l'infime moustique jusqu'à certains spécimens à forme humaine, manifestations visibles de formations invisibles, qui attaquent l'intelligence et le système nerveux. Et nous voyons des êtres, foncièrement pervers, faisant le mal pour le mal, négateurs du bien, petits tyrans, fourbes et menteurs, se parant des mots de liberté, pour masquer leur soif de domination ; d'autres, représentants conscients ou inconscients des puissances ennemies, qui ont constamment à la bouche les mots de *Providence, Dieu, sacrifice, résignation* ; vous les entendez proclamer à chaque recrudescence du désordre ou à chaque appparition d'un fléau : « *Acceptons la mort comme un bienfait, elle nous ouvre la porte aux béatitudes et aux champs de l'Infini; il faut adorer les décrets de la Providence, dont les mystères sont insondables; ce sont des châtiments imposés à l'homme* » à l'homme qui refuse de s'incliner devant le despotisme, les maximes stupides et délétères, les dogmes et les mystères anti-humains suggérés aux habiles ou aux faibles, par les êtres ténébreux qui se manifestent aux visionnaires sous les formes les plus séduisantes, en leur montrant des tableaux conformes à leur état mental.

C'est ainsi que, tandis que l'ordre relatif régnait dans les états les plus matériels, le trouble commençait dès l'origine, dans les plans les plus élevés ; puis les Formations turbulentes, perdant de plus en plus leur équilibre à mesure qu'elles s'éloignaient et qu'elles étaient refoulées, le contraire s'est produit. C'est le désordre qui a gagné les plans inférieurs, alors que l'ordre se rétablissait dans les autres, mais ordre toujours relatif, le Cosmos n'étant qu'un et le tout se ressentant du malaise des parties. Les Révoltés ont toujours leurs chefs hiérarchiques dans les plans successifs, et tandis que la lutte va s'affaiblissant dans les hautes régions, les Intelligences fidèles à l'homme et à l'ordre cosmique ayant pu prévaloir, cette lutte se poursuit acharnée et sans merci (car c'est la limite extrême) dans la région qui touche à l'homme : l'ennemi est enfin dans la place et est le maître dans ce qu'on appelle *Ici-Bas*. La division est poussée à l'extrême et l'excès du désordre est un signal de sa fin.

Si nous remontons aux époques historiques les plus reculées, nous pouvons constater que si le niveau intellectuel et mental de l'homme en général était assez bas, par contre l'organisme physique et nerveux était plus sain et plus robuste. A mesure que nous nous rapprochons des temps actuels, c'est le contraire qui se produit, d'une manière générale et dans des proportions variables suivant les milieux. Les passions et les vices étaient les mêmes, les fléaux naturels existaient comme aujourd'hui, l'hygiène était à peine connue et à peu près négligée, les centres populeux étaient aussi intenses, et malgré tout, la vie humaine était plus longue et l'organisme plus résistant. Aujourd'hui, malgré l'hygiène qui s'étend jusqu'aux plus minutieux détails, malgré les découvertes antiseptiques, malgré les progrès matériels indiscutables au point de vue scientifique, la morbidité, avec toutes les affections autrefois à peu près inconnues, envahit l'organisme, les épidémies sévissent et persistent avec ténacité dans le règne animal et végétal. Qu'on ne me dise pas que c'est le luxe, le travail des usines, l'activité cérébrale, le surmenage, etc., qui sont la cause directe de cet état de choses; cause seconde et effet d'une cause cachée, oui. Qu'on n'invoque pas davantage l'absence ou l'affaiblissement des sentiments religieux. Il y a deux mille ans et plus, dans les civilisations disparues, on observait le même luxe, la même activité, etc., on avait tout autant et pas moins de religion et de superstitions, quelleque soit leur nature ; il y avait également dans les mêmes proportions, autant de ce qu'on est convenu d'appeler l'impiété. Les chefs de peuples, les prêtres, comme aujourd'hui, étaient aussi exploiteurs et aussi avides de domination; il y avait des fourbes et des naïfs, de grands penseurs que nous copions encore, comme aujourd'hui. Les notions de justice et charité n'ont pas fait un pas; les mœurs se sont adoucies, la brutalité est moins rude ; tout n'est qu'à la surface, on n'a fait que changer les noms et les masques : la rudesse prend les formes de l'hypocrisie raffinée.

La décadence des races, des civilisations et des individus, comme l'affaiblissement, la vieillesse et la mort, sont des effets dont les causes sont endehors de l'humanité.

Je défie qu'on explique clairement et rationnellement cet état de choses, si on ne remonte aux causes que j'indique.

L'homme véritable obligé de se cacher combat dans les plans hyperphysiques avec l'aide des Intelligences qui lui sont restées fidèles et qui veulent, pour leur bien et leur progrès paralysé par des luttes stériles, la restitution de l'ordre et de l'équilibre. Quand tout sera rétabli, l'homme pourra alors communiquer, sans danger et suivant ses capacités, avec les plans et les sphères. Il n'y aura plus de barrières, plus d'oppositions, ni d'entraves. Ce sera l'union dans la liberté et l'expansion des facultés.

Voilà l'*Echelle de Jacob* de la Bible ou la *Roue ignée* de quelques théosophes:

L'HOMME COSMIQUE N'EST PAS MORT

L'immensité qui jadis était librement ouverte à tous les êtres de bonne volonté, n'est plus qu'un modeste sentier gardé par l'homme cosmique; il appartient aux chercheurs libres de le retrouver et de l'élargir peu à peu jusqu'à ce que finalement il redevienne l'immensité où chaque être reprendra la place qui lui revient de droit.

Je ne fais qu'ébaucher très imparfaitement la tradition, laissant aux maîtres le soin de la développer dans toute son ampleur. Je prépare simplement le terrain que je voudrais trouver prêt à recevoir le germe fécond.

Cette *kaballe* (peu importe le nom) inconnue de l'occultisme occidental a cependant filtré à travers les nombreux grimoires qui sont parvenus jusqu'à nous de soi-disant mages, alchimistes ou exégètes du Moyen-Age. Très habiles parfois dans certaines pratiques, il leur manquait la clef qui leur eut permis d'ouvrir le sanctuaire qui renferme le secret de la vie.

Les divers livres issus du cerveau de personnages des plus éminents sont remplis de vérités, qu'une erreur fondamentale dénature malheusement.

Il semble qu'on marche toujours la tête en bas et les pieds en l'air.

La constitution de l'homme et de l'univers, que les anciennes écritures décrivent, avec de nombreuses variantes et des obscurités peut-être voulues, a été étudiée de nos jours par les occultistes occidentaux, qui se sont inspirés des révélations multiformes et très incomplètes de nombreux commentateurs. *Védas, Pouranas, Lois de Manou, Sepher-Jésirah, Zohar, Tarot, Apocalypse, Boudhisme, Mahabharata*, etc. etc., qui voilent, sous des couleurs et des ombres, la pure lumière, la lumière incréée comme disent les ésotéristes, ont été revus, corrigés, expurgés par des étudiants et des chercheurs qui, suivent leurs inclinations et le tour de leur pensée, en ont fait des adaptations conformes aux milieux où ils vivent.

Le septénaire, le quaternaire et le ternaire, les nombres, les figures, les symboles, les correspondances et les analogies ont été savamment décrits et assez bizarrement interprétés. On marche toujours les pieds en l'air et en boîtant encore.

De toutes ces études, commentaires et observations est résultée la théorie suivante due à quelques-uns.

L'homme se divise en trois parties, le corps, l'âme et l'esprit, qui comportent chacune trois subdivisions.

Ces divisions et subdivisions correspondent à celles de la planète et des systèmes cosmiques. *Ruach* (l'âme) est le lien entre le spirituel et le matériel, entre l'esprit (neschamah) et le corps (nephesh). Ruach se trouve en double rapport avec le concret qui est au-dessous de lui, avec le particulier qui répond à sa nature et est endehors de lui, et enfin avec le général ou le spirituel qui est audessus de lui. Il se fait en lui, en sens contraires, une circulation de trois courants entremêlés, car : 1° Il est excité par Nephesh et agit à son tour sur lui en l'inspirant ; 2° il se comporte de même activement et passivement avec l'extérieur qui correspond à sa nature, le particulier ; 3° et cette influence qu'il transforme dans son sein, après l'avoir reçu d'en bas ou du dehors, il lui donne la puissance de s'élever assez pour aller stimuler Neschamah dans les régions supérieures.

Quelques autres occultistes sont allés plus loin dans cette analyse et ont assez bien compris la nature humaine qui est bien triple en effet dans son ensemble, c'est-à-dire comprend la vie, l'intelligence et la matière, mais est plus complexe dans les détails et ils ont vu l'homme à travers le prisme septénaire, tel que le révélent du reste la tradition et l'observation expérimentale.

Les plans, où évoluent les diverses puissances de l'être ou plutôt les états et degrés qu'il possède sont les suivants :

1° Le corps physique. — Rupa.
2° Le principe de vie. — Jivatma.
3° Le corps astral. — Linga sharira.
4° L'âme animale. — Kama rupa.
5° L'âme humaine. — Manas.
6° L'âme spirituelle. — Budhi.
7° L'esprit divin. — Atma.

Chacun de ces états est revêtu d'un corps ou enveloppe portant le nom qui lui correspond et qui correspond également aux états et plans cosmiques qui sont :

1° La terre. — Prakiti.
2° L'esprit universel. — Purush.
3° L'atmosphère astrale ou cosmique. — Akasa.
4° La volonté cosmique. — Vach.
5° La lumière astrale. — Yajna.
6° L'intellect universel. — Narayana.
7° L'Esprit latent. — Swayamba.

Tous ces états sont assez mal définis et les noms assez arbitraires. Les occultistes occidentaux ont plutôt retenu la lettre que l'esprit. Néanmoins, le sens de l'unité et de l'analogie se révèle dans ces conceptions.

Voyons comment, d'une façon générale, les

occultistes occidentaux comprennent la genèse.

L'homme, au lieu de vivre dans la Divinité, et de recevoir d'elle constamment la spiritualité dont il a besoin, s'est enfoncé de plus en plus dans l'amour de lui-même et dans le péché. Il était formé pour l'immortalité dans le *plan divin* et il était revêtu d'un corps éthéré impérissable.

Ici plus logique, sinon plus vrai, que la doctrine spirite, l'occultisme occidental comprend que l'homme était formé parfait, mais dans un état seulement, le *spirituel*, et il explique la chute de la manière suivante.

L'homme devait rester dans l'état divin et évoluer autour de son centre, Dieu, le Soi, il ne devait pas avoir de personnalité, il devait rester *partie spirituelle* de son créateur ; mais, semblable à Narcisse, il s'est épris de lui-même et a voulu être un centre et c'est ce qui l'a perdu. En s'éloignant toujours de plus en plus du centre divin, il a perdu les pouvoirs dans la nature humaine et dans l'humanité tout entière. L'étincelle divine s'est retirée de lui de plus en plus, et Neschamah a perdu l'union intime avec Dieu. De même Ruach s'est éloigné de Neschamah et Nephesh a perdu son union intime avec Ruach. A la suite de cette déchéance, la partie inférieure de Nephesh qui était originellement un corps lumineux est devenu notre corps matériel; par là, il est assujetti à la dissolution.

De même pour les planètes et les mondes stellaires. Doués de la matérialité la plus éthérée, ils ont, en s'éloignant de leur centre, revêtu une enveloppe de plus en plus dense et grossière.

Comme les spirites, les occultistes occidentaux admettant l'évolution dans toute la série des êtres depuis le minéral jusqu'à l'homme et jusqu'aux êtres de plus en plus parfaits (ou épurés).

Certes on ne peut nier l'évolution; mais évolution ne signifie pas progrès, ni accroissement de l'individualité; l'évolution darwiniste ne concerne que l'espèce. Je sais bien qu'on a poussé plus loin cette thèse évolutionniste, mais les faits, ainsi que nous le verrons, la contredisent absolument.

La nature ne se préoccupe que de l'espèce, elle néglige l'individu. Elle cherche à perfectionner le *type*. L'homme a un autre rôle, c'est de se perfectionner lui-même dans son intégralité. C'est en cela qu'il est supérieur aux autres êtres, sub-humains ou supra-humains.

Les Occultistes expliquent cette évolution de la façon suivante.

Il y a trois courants de forces à l'origine de chaque monde : la force minérale, la force végétale et la force animale.—On ne nous parle pas de force mentale, spirituelle.—La première ne peut faire que des minéraux et quand elle a fini sur une planète (fini quoi?) elle passe à une autre. Quand elle a passé sur toutes les planètes, elle rentre au repos (elle l'a bien mérité). La deuxième et la troisième se comportent de même.

Le germe qui a développé les espèces minérales devient l'origine du germe (comment cela?) qui développera les espèces végétales, et ainsi de suite. La force qui, lors du premier passage sur la planète, ne donnait naissance qu'à des minéraux, donne, lors du second passage, naissance à des végétaux.

L'humanité comprend plusieurs races qui se développent successivement sur chaque planète; puis, après le *grand repos* (!) les hommes évolués deviennent le germe des *Esprits directeurs de l'humanité*, qu'on appelle *Anges*, lesquels deviennent archanges, trônes, dominations, etc.

Voilà donc spirites et occultistes d'accord sur ce point : le minéral devient esprit et esprit directeur ! Seulement on ne nous dit pas comment s'effectuent ces divers passages et surtout comment une force minérale peut devenir une force spirituelle? Voilà l'évolution. Maintenant, il y a l'involution que les spirites n'admettent pas ou n'admettent que dans une limite, la réincarnation. Quand le minéral, après le travail que vous avez vu, est parvenu à l'état spirituel, il recommence, ou plutôt, il reprend seulement depuis le règne humain. Il s'incarne dans la matière pour remonter *conscient par l'épreuve*, alors qu'il était émané à *l'état inconscient.* Il s'incarne, se désincarne, se réincarne tant qu'il n'est pas pur.

En résumé, l'homme est créé d'abord immortel avec un corps éthéré; mais il ne peut se maintenir dans cet état (il s'ennuie à la fin) et il s'éloigne de son centre divin; au fur et à mesure qu'il s'éloigne, il descend l'échelle des êtres jusqu'à n'être plus qu'un minéral; quand il a assez de la *minéralité*, il passe à la *végétalité*, puis à l'animalité, puis à l'humanité, jusqu'à ce qu'il atteigne son état primitif. Si c'était fini encore ! Mais non, il recommence; il est vrai, comme nous l'avons vu, qu'il ne redescend qu'à l'état humain; cependant je ne vois pas pourquoi il ne redescendrait pas encore; et il est même plus logique qu'il aille chaque fois jusqu'au bout. Il a bien fallu qu'il y aille au moins une fois.

Et voilà le transformisme universel! L'homme est donc appelé à retourner finalement dans le sein de Dieu; mais cette réunion ne lui est pas possible dans son état actuel, cet état doit subir des épurations successives.

Comment s'effectue le *passage* (la mort)? Le principe intermédiaire, le corps astral, se partage en deux; sa partie supérieure reste reliée à l'âme et s'élève avec elle; sa partie inférieure reste attachée au corps et se dissout avec lui; bien plus, elle aide le corps dans sa dissolution, comme elle l'aide dans sa construction.

On nous dit ensuite : les sept principes sont

des divisions des trois éléments primordiaux (Nephesh, ruach, neschamah). Au moment de la mort, le principe intermédiaire, la vie, se partage en deux. Cette division se fait au niveau du quatrième principe, l'âme animale ou instinct, et la facilité avec laquelle cette division s'opère dépendant de l'attraction ou de l'indifférence de l'homme pour les choses d'ici-bas, explique les souffrances symbolisées par les religions extoériques sous le nom de purgatoire.

Aussitôt après la mort, l'homme est dans un état de trouble; un être fluidique se détache peu à peu de l'être matériel. Cet être fluidique est formé des éléments suivants : le corps astral, l'âme animale et les principes supérieurs. Il est saisi par les courants d'attraction de la terre. Les principes supérieurs cherchent à l'attirer en haut, les principes inférieurs en bas.

Si cet occultisme fantaisiste s'était rendu compte que l'être humain est un composé de matérialités de *densités* variées, il n'aurait pas émis un pareil galimatias. Principes qui tendent vers le haut, principes qui tendent vers le bas ! A quel moment, comment et de quelle façon se séparent ces principes ? Les parties les plus éthérées ne sont pas plus expansives que les autres, à moins qu'un agent spécial n'intervienne pour favoriser cette expansion. Le liquide est, si l'on veut, de la vapeur d'eau condensée, la vapeur d'eau est de l'eau de den-

8.

sité moindre. Quelle est la cause de cette transformation? La chaleur.

Mais la vapeur se perd dans l'atmosphère, alors que les principes supérieurs de l'homme restent groupés, dit-on. C'est là une affirmation gratuite et contraire à la logique. Chaque particule vient, suivant son affinité et ses propriétés d'élasticité, se placer dans le milieu qui lui convient. Les corps solides, liquides, gazeux, radiants s'éloignent d'autant plus de l'attraction terrestre qu'ils sont moins denses, et inversement; *mais ils ne s'en éloignent jamais au point d'échapper à cette attraction,* sauf ce qui concerne l'esprit pur ou matière imparticulée. C'est élémentaire. L'homme donc, qu'il meurt ou qu'il vive, quelles que soient ses transformations, ne peut en aucune façon dépasser la zone d'attraction; quelle est l'étendue de cette zone? Voilà la question. Pour affirmer le contraire il faut en démontrer la possibilité, logiquement et pratiquement. Je sais bien que l'imagination dépasse facilement la zone, mais la raison la tient en bride. Non que je nie la possibilité d'établir des relations avec les sphères, mais il faut avant tout poser des fondements et procéder par ordre.

Au-dessus des forces psychiques et spirituelles, il y a une autre force plus subtile encore qui unit les sphères entre elles : c'est la force *pathotique*, intermédiaire entre l'Impersonnel et l'Esprit ou état spirituel. Elle est à l'état pur et sans mélange dans les régions ou ne sont plus soumises à la loi d'attraction. C'est cette force qui, mélangée et infusée dans les êtres et dans la nature, prend le nom du *magnétisme, affinité, sympathie,* etc. Pour parvenir *individuellement* à la communication avec les sphères, il faut donc dépasser le degré ultime de l'état spirituel; or, à ce moment, l'individualité n'existe plus et ne peut plus subsister. Il y a certainement un mode de communication; mais ceci dépasserait les limites que je me suis tracées.

La mort, c'est-à-dire la séparation des éléments n'est qu'une rupture d'équilibre, et c'est par suite de cette rupture que chaque élément reprend sa place dans l'ordre naturel et dans le milieu en rapport avec sa densité.

Voulez-vous savoir comment on rompt cet équilibre, c'est-à-dire comment on parvient à la réintégration (lisez mutilation) ?

L'homme, dit la théorie occulto-spirite, qui est un *sous-multiple* dans l'unité divine cherche sa réintégration dans cette unité, autrement dit, il doit perdre progressivement son individualité. Il y a deux sortes de réintégration : la passive et l'active. On parvient à la première par la sainteté, par l'épuration de son essence animique (qu'est-ce que l'*essence animique ?*) unie d'amour à l'esprit pur; à la seconde par la volonté libre et consciente.

Suivez bien le raisonnement; vous avez

besoin de toute votre attention. La première réintégration nécessite l'abdication du *moi* qui se fond sans réserve et sans espoir de retour dans le Soi divin. On n'agit plus, on est agi. La seconde équivaut à une conquête positive du ciel. La première est plus divine, plus méritoire, c'est celle de Jésus; la seconde est *plus avantageuse*, c'est celle de Moïse... Enfin, on a le choix : perdre son individualité ou la conserver. Mais les moyens ne sont pas très clairement indiqués.

Je ne continue pas. Cependant je retiens ces mots, les seuls vrais, mais que les Occultistes occidentaux n'ont pas compris :

« Nul ne peut parfaire son initiation que par la révélation directe de l'Esprit universel, collectif, qui est la voix qui parle à l'intérieur ».

Les Occultistes disent encore :

Une individualité quelconque, homme, planète, soleil, est sollicitée par deux forces contraires : une attraction vers un centre (soleil, s'il s'agit d'une planète. Absolu, s'il s'agit d'un être pensant), une attraction opposée vers le contingent, vers le fini ou vers son propre centre, si c'est une planète, vers son *moi*, si c'est un être intelligent. La première de ses forces produit la foi et l'espérance dans l'éternité; la seconde, par l'attachement à l'individualité, produit l'esprit de liberté, une crainte féroce de la mort, en un mot l'égoïsme.

La mort, la mort, c'est l'espoir sans cesse renaissant, la suprême pensée. La vie terrestre, c'est l'égoïsme, la vie supra-humaine, c'est le sacrifice, ; l'un est féroce, l'autre est sublime ! En quoi suis-je féroce, si je préfère vivre tout entier et en quoi suis-je sublime, si je préfère ne vivre qu'en partie ou pas du tout ? Certes, je veux être libre, oui, certes, j'aime la liberté avec passion, et s'il est des sacrifices qu'on doive faire, c'est pour elle. La crainte de la mort ? Loin de la craindre, loin de la fuir, je la cherche au contraire pour la combattre de toutes mes forces. Sacrifice, sacrifice ! Qu'est-ce que je sacrifie en mourant ? Mes états *inférieurs*, la matière grossière ? En quoi suis-je utile à mes semblables ? Et en quoi ressemblerai-je à la Divinité qui est la perfection dans toutes ses parties, si je rejette ou dédaigne l'une quelconque de ces parties ?

La purification, l'épuration, la pureté ! Comme ces mots ont été mal compris ! Je me purifierai physiquement, intellectuellement et moralement, en éliminant en moi les souillures, les déchets, l'esprit de système, les vices et en les transformant en vitalité, en intelligence, en vertus. Les plus vils excréments des cités et des campagnes ne sont-ils pas des éléments fécondants et reconstituants, quand ils se transforment dans le laboratoire de la nature ? Les passions les plus mauvaises ne deviennent-elles pas des leviers puissants quand on les fait tourner au profit des idées généreuses ; ne révèlent-elles pas dans l'homme des énergies insoupçonnées et qui ne demandent qu'à être utilisées? Que chaque chose soit remise à sa place, que chacun soit dirigé dans ses voies naturelles, et tout ce qui est mauvais ou paraît tel deviendra bon et profitable à tous.

Cette matière qu'on comprend et qu'on connaît si mal, doit donc être éliminée, constamment éliminée, jusqu'à ce qu'il ne reste que l'Esprit. Comme si l'esprit était quelque chose sans elle! Comme si l'individualité pouvait subsister sous la forme! Il est vrai que cette forme peut être d'une substance extrêmement éthérée. Mais où est la limite?

L'occultisme occidental ne se contente pas de nous faire mourir une fois; nous avons divers corps, ainsi que nous l'avons vu, et ces corps doivent successivement être rejetés. Après les vies successives, les morts successives. Les *Gardiens du seuil*, les *Cheroubs* (chérubins), empêchent toute ascension d'âmes ou d'esprits encore revêtus du corps astral. Mais ici les Occultistes se divisent; les uns ne considèrent que l'enveloppe qui vient immédiatement après le corps charnel, c'est ce qu'ils nomment *corps astral;* les autres considèrent toutes les enveloppes qui s'emboîtent les unes dans les autres. Il faut, pour franchir le seuil qui sépare le plan astral inférieur de la planète, analogue au plan astral inférieur de l'homme, se dépouiller de cette deuxième enveloppe c'est la première épuration ou la seconde mort;

puis, pour passer successivement sur tous les autres plans, il faut encore se dépouiller de la série d'enveloppes encore trop matérielles qui nous rest... Il est vrai que chaque état peut emporter quelquechose de sa vie passée, ce qu'il a eu de meilleur, mais il n'emporte que des souvenirs. Et ici encore, il y a des divergences d'opinions.

Chaque état possédant son *modus vivendi et essendi* ne peut avoir rien de commun avec les autres. La séparation est nette est tranchée. C'est l'opinion de quelques-uns.

Certes, pour passer d'un état à un autre état moins dense, il faut se mettre en rapport harmonique avec le nouvel état; mais est-ce à dire qu'il faille *perdre* ces diverses enveloppes, et ne peut-on, tout en restant dans le corps, faire vibrer les parties éthérées ?

Le violoniste, en changeant le diapason, ne songe pas à briser ses cordes, il donne le *ton* nécessaire. L'âme de l'instrument est dans l'instrument tout entier.

La mémoire qui relie tous les états, ne peut se conserver et se transmettre d'un état à l'autre qu'autant que l'être se maintient dans son intégralité. C'est ainsi que le sujet mis en somnambulisme ne peut se souvenir de cet état quand il revient à la veille.

Après la mort, l'homme, ayant perdu l'état du corps physique, ne peut plus rien savoir de cet état, puisqu'il ne possède plus les organes, les sens et l'intelligence afférent à cet état. Si, au moyen de la suggestion, on peut intimer l'ordre à un sujet de se rappeler ce qu'il aura vu ou fait en somnambulisme, c'est parcequ'il peut être ramené dans le corps physique ; supposons que ce corps physique soit supprimé, il restera à l'état de somnambulisme.

Si dans un état supérieur, qu'on appelle *lucidité*, le sujet se rend compte de son état physique, de ce qui l'entoure, c'est parce qu'il possède le corps physique avec qui il s'est maintenu en rapport.

Les Occultistes occidentaux sont généralement, à part d'infimes exceptions, partisans de la réincarnation. Sur quoi se basent-ils ? Sur la tradition, disent-ils, et aussi sur l'expérience. La réincarnation, telle qu'ils la comprennent, n'existe pas dans les textes originaux. Je n'entrerai pas dans l'examen des ces textes ; d'autres plus autorisés que moi le feront. Quant à l'expérience, en quoi consiste-t-elle ? Certains occultistes, soi-disant mages, ayant le pouvoir de s'extérioriser à volonté, visitent à leur gré le plan astral en corps astral. Quel plan astral ? Quel degré de ce plan et dans quel état ? Ici nous touchons à la partie expérimentale de l'occultisme occidental.

Sans rechercher les moyens employés pour *ce dédoublement*, je suppose qu'en effet ils passent dans ce plan. Qu'y voient-ils ?

Exactement ce qu'on voit dans les rêves :

des images, des scènes de toutes sortes. Ils emportent avec eux leurs pensées et leurs opinions, ils jugent, si toutefois ils en ont la liberté, ils apprécient, ils examinent à loisir. Qu'ils voient des formes s'insinuer dans un corps charnel, je le veux bien.

Qu'est-ce que cela prouve ? Que ce sont des esprits désincarnés, parce qu'ils ont la configuration, les traits et l'expression de l'homme ? Les occultistes savent cependant que ce plan astral est un monde d'illusions et de mirages, reproduction exacte du monde terrestre d'où les formes s'échappent.

Ils nomment *images astrales, clichés astraux* des groupements de forces et d'êtres, d'élémentaux et d'élémentaires, qui ont une signification particulière et qui annoncent les évènements qui vont se réaliser sur le plan terrestre. Ils reconnaissent que, même si leurs observations et les significations qu'ils attachent à ces clichés sont exactes, les évènements qu'ils préparent ou annoncent n'ont pas toujours lieu. Et alors où est le critérium de leurs assertions? Au dessus de ce plan astral, supérieur et inférieur, il y a le plan mental, spirituel, divin où gisent les causes premières. Il Il faut, pour que leurs affirmations aient une valeur, qu'ils puissent pénétrer jusqu'au plan divin. Je ne sache pas qu'aucun d'eux ait émis cette prétention, quoique certaines réticences... Ils ne se fient pas aux *Esprits* ni à leurs enseignements à ce sujet, parce qu'ils savent

9

qu'ils sont divisés et ils cherchent à savoir par eux-mêmes, en quoi ils ont raison.

Les spirites ne sont en rapport par leur médiumnité qu'avec les *Esprits* les plus bas de l'échelle, les *élémentals*, *larves*, êtres embryonnaires et protéiformes. Ici encore les occultistes se divisent : les uns admettent qu'on peut communiquer non seulement avec les entités que j'ai nommées, mais encore avec les *désincarnés*. Ces désincarnés ne sont pas tous au même stade et n'occupent pas tous le même plan. Les *élémentaires* sont les esprits ou âmes des hommes dont les état moral et intellectuel étaient des plus inférieurs; ils restent dans les couches les plus basses de l'atmosphère et c'est avec eux que communiquent les médiums du spiritisme. Et cependant les spirites, comme nous le savons, ont des communications quelquefois intelligentes, supérieures? D'où cela vient-il? De ce que certains hommes très intelligents et très instruits, mais criminels ou vicieux, séjournent dans les régions inférieures.

Ces occultistes ne comprennent pas la nature et la constitution de l'homme, car ils sauraient expérimentalement que le corps astral ou, pour être exact, le corps nerveux du décédé ne peut occuper une place déjà prise, à moins de se dépouiller lui-même de son corps nerveux pour posséder celui du médium et alors il n'est plus un élémentaire, mais une âme, un esprit; ils sauraient encore que cette âme ou esprit en prenant possession du corps nerveux du médium ne pourrait prendre conscience que de ce que le médium sait dans son corps nerveux et dans cet é．．y afférent.

D'autres occultistes, plus avancés, n'admettent pas la possibilité de ces communications. Pour eux, l'âme libre ou dégagée, comme ils disent, ne peut entrer en relation qu'avec une âme également dégagée, l'esprit dégagé qu'avec l'esprit dégagé. La densité atmosphérique ou de l'enveloppe charnelle est un obstacle invincible à des rapports de cette nature. Mais on peut, en se dégageant soi-même, en sortant hors du corps, entrer en rapport avec ces entités, et suivant qu'on extériorise son corps éthérique ou astral (nerveux), le corps de l'âme ou le corps mental, on peut entrer en communication avec les êtres ou *désincarnés* qui se trouvent dans ces divers états. L'homme très pur peut avoir des affinités avec telle ou telle catégorie et il en reçoit alors des inspirations; mais il n'y a là aucune pratique médianimique.

Des êtres de densités diverses évoluant dans l'atmosphère dont la densité varie également, ont des pouvoirs et des capacités distinctes. Les spirites qui n'ont affaire qu'avec les entités les plus infimes, les agents de bas étage, ne connaissent pas les principautés et les agents supérieurs. Non que dans chaque état et degré il n'y ait des principautés et des forces également redoutables, mais il est constant que les spirites, d'une manière générale, ne sont en rapport qu'avec les sous-agents et les subalternes. Parmi les occultistes qui se vouent à la *magie pratique*, on rencontre des personnes qui entrent en relation avec les agents d'un ordre plus élevé, élevé dans le sens de puissance et non de plan.

A la suite de cette levée de boucliers que le christianisme a représentée et figurée par le combat des bons anges et des mauvais anges, que les mythes et les pantacles ont symbolisée de diverses façons, les êtres vivant dans l'atmosphère se sont livrés à des luttes acharnées qui durent toujours et qui vont s'avivant de plus en plus (le spiritisme et son explosion en sont les signes). Les uns se sont déclarés nettement contre l'homme, les autres ont pris parti pour lui, d'autres sont restés indifférents, mais en très petit nombre. Leur but est la dépossession de l'homme, et ils y ont réussi en partie. C'est avec ces entités que l'occultiste occidental s'est mis en rapport et il faut reconnaître qu'il n'a pas été heureux, puisqu'il s'est rangé du côté des ennemis de l'homme, sans le vouloir, sans s'en douter. Il est possible après tout, que les *anges* ennemis soient les maîtres présentement et qu'ils aient refoulé les *bons anges*, en interceptant toute communication avec eux. Je penche pour cette opinion, puisque dans notre Occident, tous les occultistes, d'accord avec les spirites, d'accord avec tous les cultes, parlent de la mort comme d'une

délivrance, absolument comme les médiums.
Mais je pense qu'en Orient les occultistes qui
savent ne font pas de même et que, s'il en est
ainsi, c'est qu'ils ont le pouvoir et la connaissance, pouvoir de rompre les lignes, connaissance des desseins de l'ennemi.

Les *Esprits* ou êtres amis de l'homme, qui
lui sont restés fidèles, exécutent ses ordres et
l'aident dans sa lutte contre la Puissance ennemie. Ils ne possèdent pas tous les états et
degrés de l'homme, ils ne connaissent rien de
la terre ni des états et degrés du cosmos humain; ils ne peuvent pas intervenir efficacement dans la lutte, mais ils peuvent, sentinelles avancées, le prévenir pendant son repos
et l'avertir des ruses ou des préparatifs belliqueux de l'adversaire. Si les maîtres de
l'Orient n'ont pu jusqu'à ce jour que surveiller
ses machinations, s'ils n'ont pu remporter que
quelques victoires partielles ou s'ils n'ont pu
que défendre leurs possessions sans qu'il leur
ait été possible d'étendre leur champ d'action,
c'est grâce à la connivence intéressée ou inconsciente des autres hommes suggestionés,
fascinés ou subjugués, qui ont livré à l'ennemi
quelques places fortes, en croyant gagner un
paradis ou une récompense quelconque. Quand
les hommes auront compris qu'ils n'ont joué
qu'un rôle de dupes, qu'ils seront revenus à la
saine raison et qu'ils envisageront froidement
leur situation, quand ils formeront une majorité imposante, non par le nombre, mais par la

puissance intellectuelle, alors tout changera ; c'est dans ce cas qu'on pourra dire que vouloir c'est pouvoir. On s'apercevra en effet qu'un éclair de bon sens suivi d'un acte énergique aura suffi pour faire rentrer tout dans l'ordre.

Aurait-on pu du reste implanter dans les cerveaux humains qu'un long atavisme a façonnés et moulés avec des idées erronées, cette conviction que tout ce qu'il a adoré il doit le brûler, qu'il n'a pas été fait esclave, mais maitre, qu'il n'y a qu'un Dieu, impersonnel et cosmique dont il est l'émanation et le représentant? Il fallait que le temps, la douleur et les déceptions fissent leur œuvre, et enfin l'humanité est prête dans une certaine mesure à se ressaisir et à prendre en mains un sceptre qu'elle avait niaisement laissé tomber.

Quant aux rapports, soit physiques, soit intellectuels, que l'occultiste occidental prétend pouvoir entretenir avec l'homme *post mortem*, je doute qu'ils existent et ici encore il est victime de l'illusion.

L'homme intégral, qui n'a dépouillé que l'écorce et a gardé intactes sa mémoire et ses facultés après la transition, lui aurait révélé ce qu'il ne sait pas; or il n'en est pas ainsi ; on en a la preuve dans les enseignements de l'occultisme, qui ne sont encore une fois que des compilations et des répétitions plus ou moins mal adaptées à la mentalité occidentale. Il faut des connaissances et une expérience autres que celles dont se targuent ces occultistes. Au surplus, les nombreuses divergences qu'on remarque dans leurs opinions et leurs appréciations en sont un témoignage. Les occulto-spirites ressemblent à ce brave paysan qui assistait pour la première fois à une représentation. On jouait *Gaston et Bayard*. Notre homme, commodément assis dans un fauteuil, ouvrait de grands yeux pour voir les mouvements des acteurs. Lorsqu'on fut parvenu à la 6ᵉ scène du 5ᵉ acte où Altamore veut massacrer Bayard, le paysan qui vit l'acteur s'avancer la lance à la main, se jette sur lui, le désarme, le prend à la gorge, le terrasse, en lui disant : « il y a assez longtemps que tu fais souffrir ce brave homme... » Ont eu toutes les peines du monde à lui faire entendre que tout cela n'était qu'un jeu.

Les occulto-spirites, les religionnaires et sectateurs voient les *Esprits* grimés sur la scène ; mais ils ne voient pas les coulisses.

On sent qu'ils ne sont pas sûrs d'eux-mêmes ; ils avancent timidement des explications et des théories assez contradictoires. L'occultiste n'a pas, ne doit pas avoir de théories; il sait ou ne sait pas, il peut ou il ne peut pas ; il ne fait pas d'hypothèse, il formule les lois et indique les procédés.

Il est vrai qu'il dissimule son impuissance ou son incertitude derrière un prétendu secret qui lie tous les adeptes et qui ne doit pas être divulgué à tout le monde. Certes on ne peut tout divulguer, mais ici je l'arrête. Ou il enseigne ou il n'enseigne pas ; s'il enseigne, il doit dire exactement avec preuves à l'appui, ce qui l'a amené à la certitude ; il n'est pas obligé de tout faire connaître, mais ce qu'il fait connaître doit être étayé sur des faits absolument certains. S'il n'enseigne pas, s'il se borne à présenter des opinions, des hypothèses plus ou moins justes, plus ou moins fondées, ses conceptions sont purement philosophiques et n'ont d'autre valeur que celle qui s'attache à la personne qui les émet. Il entraînera dans son orbe ceux qui auront quelque affinité avec ses idées personnelles et il maintiendra, suivant son pouvoir attractif, la cohésion parmi toutes les molécules cérébrales qu'il aura groupées. Mais de science certaine, point. Au surplus, à supposer qu'il possède la clef, s'il était réellement occultiste, sachant, voulant et osant, il se tairait ou ne se résoudrait à parler que quand il pourrait le faire sans danger. Le véritable occultiste doit être libre ; il ne doit avoir aucune opinion ; il ne fonde pas d'écoles, il n'est pas doctrinaire.

Est-ce que les mathématiciens sont divisés ? Est-ce qu'il y a une doctrine en mathématiques ? Est-ce qu'il y a des groupes ou des chapelles de mathématiciens ? C'est une science universelle que tout homme qui sait peut enseigner sans se réclamer de tel ou tel auteur, de telle ou telle école. Le mathématicien ne fait pas de prosélytisme ; ceux qui ont du goût ou des aptitudes pour cette science viennent à lui tout naturellement, sans qu'ils aient besoin d'être sollicités. Et l'occultisme vrai, science aussi exacte que les mathématiques, exclut toute idée propagandiste, il a horreur du tréteau. Dès qu'il se montre, il prend la forme charlatanesque; il devient arlequin ou marchand d'orviétan.

Il n'y a dans mes paroles aucune espèce d'amertume. Je dis ce que je pense, ce que j'ai vu et entendu, et les impressions qui me sont restées. Je ne prétends pas que les occultistes occidentaux, quelles que soient leurs dénominations particulières, sont tous des charlatans, des ignorants ou de simples compilateurs. Loin de là; je reconnais et je me plais à leur rendre cet hommage, que parmi eux se trouve une élite intellectuelle qui a parfois admirablement compris, sinon le but de la vie, du moins les capacités de l'homme; ils sont sur la voie qui les conduira sûrement au port, pour peu qu'ils se décident à regarder en eux-mêmes, sans avoir les yeux constamment fixés sur les mirages de l'*astral* et autres illusions. « Le cauchemar des ténèbres assiégera-t-il éternellement ces âmes de choix ? »

IV

Il existe des laboratoires dans presque toutes les branches de la connaissance; mais il n'existe pas de laboratoire d'expérimentation psychique. Je ne parle pas des expériences magnétiques et hypnotiques, encore moins des expériences spirites faites par des personnes vouées à cette spécialité et par suite imbues d'idées préconçues et systématiques.

Et il s'est produit ceci : c'est que l'expérimentateur, influençant le sujet, consciemment ou non, est à son tour influencé par lui. Le suggestionneur devient suggestionné, le spirite est mystifié. Tout sujet de ce genre, médium ou hypnotique, est enclin à l'exagération et à la supercherie.

Dans la majeure partie des expériences, on a presque toujours constaté des fraudes ; l'hypnotique ne dort pas, le medium n'est pas entrancé. Devenu habile dans l'art du truquage, connaissant bien son expérimentateur, il réussit admirablement à le tromper. Aussi dans les comptes-rendus de séances adressés par ces suggestionnés sans le savoir, il y a lieu de faire la plus large part à l'esprit de système, malgré la bonne foi dont semblent être imprégnés les comptes-rendus.

Une nouvelle profession est née : celle de médium. On se fait médium comme on se fait cordonnier, peintre en bâtiment, et quand on connaît bien son métier, on en connaît, comme on dit vulgairement, toutes les ficelles ; mais dans la médiumnité professionnelle, les ficelles sont bien plus difficiles à découvrir, on le comprend sans peine. De tous ces automates vrais ou simulateurs, qui gagnent leur vie en contrefaisant la mort, je ne donnerais pas une obole. Il suffit qu'on m'annonce une séance à grand spectacle avec le concours de Mlle X ou Z, célèbre sujet ou médium, pour que ma méfiance soit immédiatement mise en éveil. Les expérimentateurs de bonne foi qui se sont laissés prendre et qui ont dévoilé les *trucs* ne me démentiront pas.

En somme, tous ces faits médianimiques, réels bien certainement, sont très rares, excessivement rares en Europe (je parle des faits d'ordre transcendantal).

Les maîtres, quand ils le voudront, démonteront le mécanisme médianimique et en montreront les ressorts cachés.

On se dira ensuite : ce n'est que cela! Et une réaction formidable se fera.

De toutes parts, des groupes se sont formés, on a même donné des spectacles publics; on a écrit de nombreuses brochures où sont racontées, dans les moindres détails, les séries de phénomènes obtenus et on continue toujours.

On expérimenterait ainsi pendant des siècles qu'on ne serait pas plus avancé.

Suggestion verbale et mentale, hypnose, magnétisation, transmission de pensée, psychométrie, médiumnité avec ses états variés; miroirs magiques, marc de café, verre d'eau, charbon, craie, etc., appareils enregistreurs ou photographiques, démontrant l'action de forces internes aidées, affaiblies ou neutralisées par des forces externes, tout est examiné, tout est observé. Et cependant, depuis au moins vingt ans que toutes ces constatations ont été faites on n'a obtenu aucun résultat pratique. Il semble qu'on tourne toujours dans le même cercle. Qui donc indiquera la méthode à suivre? qui nous guidera dans ces recherches? Il ne suffit pas de regarder, d'entendre, d'enregistrer; il faut voir à travers les phénomènes.

Ainsi que je le disais ailleurs, il faut avoir recours à des Rayons X d'une nature spéciale et ces rayons X, ce sont les clairvoyants, les sujets préalablement développés. Mais pour les développer, il faut connaître la nature humaine et n'avoir aucune idée préconçue; il faut être absolument libre soi-même afin d'éviter toute suggestion involontaire. Des sujets variés, contrôlés les uns par les autres, à l'abri de toute influence extérieure, psychique ou autre, verraient à travers cette multitude de faits médianimiques, hypnotiques, intellectuels ou physiques; ils nous guideraient, sauf à l'expérimentateur de s'assurer à l'avance de toutes les conditions nécessaires.

Une erreur, erreur capitale s'est incrustée dans quelques cerveaux, c'est celle qui consiste à croire qu'un sensitif est forcément un névropathe. Sans doute, jusqu'à présent, les cliniques n'ont eu affaire qu'à des sujets malades ou déséquilibrés; la plupart des phénomènes de l'hypnose, de double vue ont été observés chez les hystériques ou des médiums usés et fatigués. Qu'on prenne un sujet jeune, sain, ayant des dispositions psychiques, dont on connaît les antécédents et la parenté, qu'on éloigne de lui tout contact impur ou malsain; qu'on en prenne soin comme d'un instrument de physique des plus délicats, mais avant tout que ce soit toujours le même expérimentateur qui le dirige ; que chacun ait ainsi son sujet, et quand tous ces sensitifs formés et développés séparément seront mis en présence d'un phénomène, vous pourrez, en les contrôlant, vous assurer de la réalité ou de la fausseté de leurs déclarations. Une autre idée, tout aussi erronée, consiste à penser qu'un sujet de cette nature doit suivre un régime spécial, à peu près comme les jockeys, qui doivent être d'une maigreur suffisante, pour pouvoir faire courir leurs bêtes.

Un sensitif au contraire doit être libre; on doit le satisfaire suivant ses désirs. Et s'il est excentrique, s'il a des fantaisies, des lubies, dira-t-on? Il n'est plus dès lors un bon sensitif et on doit l'éliminer.

Mais qu'on y songe bien, un pareil sujet n'est pas, ne doit pas être un médium; il faut au contraire avoir bien soin de le soustraire à de semblables expériences.

Il n'est que *témoin*; il regarde et il observe, sous la protection de son magnétiseur, les divers phénomènes que d'*autres* sujets, des médiums ceux-ci, produisent sous la direction d'expérimentateurs particuliers. Il va sans dire que tous sans exception devront éviter tout ce qui pourrait suggestionner, volontairement ou non, les sujets ainsi mis en présence. Les expérimentateurs devront donc faire leur propre éducation, avant d'entreprendre celle des autres.

C'est ce que les occultistes orientaux mettent en pratique. Il est vrai que l'atmosphère où ils vivent facilitent singulièrement leurs travaux. Ici encore une idée erronée s'est glissée à leur sujet. On se figure, dans quelques milieux européens, que ce sont des ascètes, d'une maigreur effrayante, se livrant au jeune et à un régime débilitant. Ils ont au contraire tout le confort nécessaire, mais nécessaire seulement, ils évitent les excès de tout genre et on ne les différencierait pas des profanes, sauf qu'on remarquerait dans leur port, dans leurs gestes et dans leur regard, une assurance et une volonté peu communes alliées à la plus grande simplicité.

Il va sans dire que ces occultistes n'ont peut être jamais été abordés par un Européen, à moins qu'on prenne pour des maîtres quelques orientaux plus ou moins instruits dans l'art occulte, qui ont daigné venir nous visiter ou qui ont reçu chez eux des Européens.

L'hypnotiseur, qu'il soit physiologiste très instruit dans cette branche de la connaissance, qu'il soit médecin très expert, que ses diagnostics soient presque toujours impeccables, se trouve en présence de phénomènes aussi nouveaux pour lui que pour le premier mortel venu. Il ne se doute pas de toutes les formes de l'hypnose ; il fait un peu comme les spirites, il systématise trop ; de ce que tel sujet lui a révélé tel fait, il s'empresse de conclure que tous les sujets sont également doués au susceptibles de produire les mêmes résultats et pas d'autres.

Les vrais expérimentateurs savent qu'il y a un degré de sommeil, la *lucidité* somnambulique, pendant lequel le sujet ne peut-être suggestionné ; l'hypnotiseur qui ne s'en doute pas continue ses expériences absolument comme dans les états précédents et il est victime, cruelle victime, de ses idées préconçues. C'est dans cet état de lucidité où le sujet jouit de toutes ses facultés, où il est parfaitement conscient, qu'il se produit des phénomènes de clairvoyance qui déroutent le malheureux hypnotiseur, au point qu'il finit par croire que son sujet n'est pas endormi et joue la comédie. Il est vrai de dire que rarement cet état est obtenu par l'hypnotiseur ordinaire qui n'use que des procédés du Braidisme.

Le médium est dans le même cas. Il se trouve en présence de personnes n'ayant aucune idée de ses capacités et ne sachant rien de ce qui se passe dans ses trances variées. Les assistants ne dirigent rien, parcequ'ils ne savent pas ; ils attendent que le phénomène veuille bien se produire, et quand il se produit, il sont pris à l'improviste. Ils veulent le voir se renouveler ; mais hélas ! comment le provoquer ? Ils sont à la merci du sujet lequel à son tour est à la merci des *Esprits* ou entités quelconques. Quand, par hasard, les assistants croient être sur la voie, subitement leurs espérances sont déçues, ils sont comme les fumeurs d'opium où les rêveurs, qui essaient de saisir les formes brumeuses qui hantent leur cerveau. Ils n'ont rien pour les guider; ils ne savent où ils vont, où ils veulent aller. Dans ces conditions, est-il surprenant que toutes les tentatives faites par toutes ces personnes de bonne volonté aient échoué? Elles échoueront toujours, parceque la clef leur fait défaut. Qui les éclairera ? Les spirites, les hypnotiseurs, les occultistes, les médiums ? Tous ont donné leurs avis, tous se sont mis à l'œuvre : insuccès partout !

On n'oublie qu'une chose, c'est de consulter l'orfèvre. Ceci me rappelle l'anecdote suivante racontée par Fontenelle dans son *Histoire des Oracles* :

« En 1593, le bruit courut que les dents étant tombées à un enfant de Silésie, âgé de sept ans, il lui en était venu une d'or à la place d'une de ses grosses dents.

« Hortius, professeur en médecine dans l'université de Helmstad, écrivit en 1595, l'histoire de cette dent et prétendit qu'elle était en partie naturelle, en partie miraculeuse, et qu'elle avait été envoyée de Dieu à cet enfant, pour consoler les chrétiens affligés par les Turcs ! Figurez-vous quelle consolation et quel rapport de cette dent aux chretiens ou aux Turcs ! Et la même année, afin que cette dent d'or ne manquât pas d'historiens, Rullandus en écrit encore l'histoire.

« Deux ans après, Ingolsterus, autre savant, écrit contre le sentiment que Rullandus avait de la dent d'or, et Rullandus fait aussitôt une belle et docte réplique. Un autre grand homme, nommé Libavius, ramasse tout ce qui avait été dit de la dent, et y ajoute son sentiment particulier. Il ne manquait autre chose à tant de beaux ouvrages, sinon qu'il fût vrai que la dent était d'or. Quand un orfèvre l'eut examinée, il se trouva que c'était une feuille d'or appliquée à la dent avec beaucoup d'adresse ; mais on commença par faire des livres, et puis on consulta l'orfèvre. »

Malheureusement les maîtres qui détiennent le secret ne bougeront pas, qu'on en soit bien certain, pour cette excellente raison d'abord qu'on ne les appelle pas, puis parce que les cerveaux européens doivent subir une préparation. Quand tous les phénomènes les plus merveilleux se dérouleraient devant nos savants de l'Occident, ceux-ci n'en retireraient aucun profit ; bien plus, ils continueraient à douter ; ils se croiraient victimes de l'illusion et ils crieraient au charlatanisme. On en a eu assez d'exemples.

Quand les phénomènes électriques se produisirent pour la première fois, phénomènes provoqués et réels, tous les savants firent chorus avec les ignorants pour crier à l'invraisemblance, à l'hallucination, à la mystification. Mais quand on leur eut expliqué le mécanisme, la loi, il en fut autrement : on avait compris. Il en est de même de la médiumnité : il faut comprendre d'abord, l'intelligence avant les sens. J'ai beau voir, entendre, toucher, si je ne comprends pas, je douterai toujours, parce que je ne me fie pas à mes sens qui peuvent me tromper; mais ma raison et la logique ne me trompent pas, et quand la démonstration intellectuelle précède l'expérimentation, on est prêt; pas avant.

V

L'alchimie qui est la philosophie de la chimie a été restituée dans une certaine mesure, elle a la première démontré que la vie se trouve aussi bien dans les corps réputés bruts que dans les corps organiques; mais nos alchimistes modernes retombent dans l'erreur occulto-spirite qui consiste à croire, sans l'ombre d'une preuve et contre toute logique, qu'un minéral peut devenir un être organisé, c'est-à-dire qu'il y a une matière simple donnant naissance à tous les corps et tous les organismes, en se transformant *per se*. Des savants, tels que Berthelot, Naquet, Dumas, Crovvkes, etc., pensent qu'il n'y a pas de corps simples et semblent conclure à l'unité de la matière. Qu'est-ce qu'on entend par *simplicité* ? Tout corps, quel qu'il soit, est doué d'intelligence, de vie et de matérialité dont la puissance varie, dont le mouvement et les vibrations sont plus ou moins rapides, dont la lumière est plus ou moins vive.

On a classifié les minéraux en se fondant à la fois sur les caractères cristallographiques et sur la composition chimique.

On peut en reproduire un certain nombre à volonté. Ils varient par leur densité et leur nature : ils sont solides, liquides ou gazeux et on peut les faire passer d'un état à un autre. Peut-on les transmuer, c'est-à-dire les faire changer de nature ? Les alchimistes ont pour objectif les métaux. Ils distinguent les métaux *parfaits* : or et argent, et les métaux *imparfaits* : plomb, étain, mercure, et ils croient possible de les transformer tous en or au moyen de la *pierre philosophale*, *l'Absolu chimique*, qui, pour le métal, est l'hydrogène.

« Cet hydrogène, dit M. Jollivet-Castelot, est uni avec de l'oxygène, toujours, de l'azote ou de l'ammoniaque ou du carbone, etc., en plus, qui servent de ferment.

« Si l'on parvient à séparer l'hydrogène du métal, de son ferment, et à l'unir avec le ferment d'un autre, on obtiendra un corps présentant les propriétés et les caractères du métal voulu. Les métaux sont des *corps composés*... Ils *doivent* être formés par des combinaisons variées au possible d'un radical qui *doit* être l'hydrogène, avec d'autres corps jouant le rôle de ferments et dont les plus importants doivent être les composés oxygénés de l'azote.

« Toute la chimie organique repose sur la fermentation comme l'ont démontré irréfutablement Pasteur, Cl. Bernard et Gautier .. Il ne doit plus y avoir de barrière entre la chimie minérale et la chimie organique. L'évolution vitale est admise, le transformisme est une doctrine *indiscutée*... »

Indiscutée ! Elle est au contraire plus discutée que jamais. Il y a le transformisme ou évolution spécifique qui n'est pas discutée ; ce qui est discuté c'est ce transformisme qui veut qu'un minéral devienne un végétal, un végétal un animal, etc. A-t-on jamais pu fabriquer un végétal avec des minéraux, malgré toutes les combinaisons chimiques auxquelles on a pu se livrer ?

« Le cerveau de l'homme, continue M. Jollivet-Castelot, se compose d'atomes de phosphore, de carbone... et ces atomes lui permettent par leur architecture de s'élever aux contemplations les plus sublimes... »

C'est du lyrisme ! Comment ce phosphore et ce carbone peuvent-ils être un cerveau d'homme, si des éléments nouveaux ou plutôt des combinaisons d'ordre transcendantal n'interviennent?

« Ces atomes, dit l'auteur cité, s'échapperont et iront s'incorporer dans un meuble ou une allumette ou un végétal quelconque. Question de dynamisme. L'univers est un dynamisme ».

On reconnaît donc que les atomes sus-désignés doivent s'incorporer dans *quelque chose* pour être *autre chose* que du phosphore ou du carbone.

Un sel est une combinaison. Les éléments qui le composent possèdent des propriétés distinctes, quand on les sépare; combinés, ils ont des propriétés nouvelles. En quoi consiste la combinaison? On n'en sait rien. On sait seulement qu'il y a dégagement de chaleur et que c'est la chaleur humide qui favorise la production du composé, sel, oxyde, etc.

Mais ici on n'opère qu'avec des corps de même nature, des minéraux. Qu'on transmue un minéral en un autre, un métal en un autre, je ne sais si cela est possible, mais, à la rigueur on peut le concevoir à la condition que l'*Absolu chimique* existe, c'est-à-dire que le germe de tout corps se retrouve partout, même dans les corps réputés simples. Mais je crains que cet *Absolu chimique* ne soit une utopie. On pourra faire de l'or avec un autre métal à la condition d'y attirer et d'y incorporer l'or volatilisé ou en suspension dans les rayons solaires, car le spestroscope nous a révélé l'existence de métaux dans la lumière solaire : *rien ne se crée*.

La fermentation minérale, métallique ne concerne que le minéral ou le métal ; de même la fermentation organique ne concerne que les corps organiques.

Que par bouture, greffage ou marcottage on ente une plante sur une autre, cela se comprend ; mais la bouture ou la greffe est de la même famille que la plante sur laquelle on la place. Vous n'enterez pas un rosier sur un chêne et inversement. De même vous ne croiserez pas un ruminant et un porcin, un cétacé et un marsupiau.

Vous croiserez un cheval et une ânesse, par exemple, parcequ'ils ont des caractères communs, qu'ils appartiennent à la même famille ; mais le produit obtenu sera infécond ; vous ne pourrez continuer sa généalogie, c'est-à-dire créer un nouveau genre se reproduisant lui-même.

« Les minéraux se réparent, se complètent, reconstituent le type morphologique *individuel* dit M. Jollivet-Castelot ». Le mot *individuel* est impropre, j'aimerais mieux *caractéristique*. « Il en est de même pour les êtres organiques, dont la substance se répare, se reconstitue par la rédintégration des tissus blessés ou incomplets. Cet exemple nous montre une analogie de plus entre les phénomènes minéraux et les phénomènes organiques ; on voit que les types individuels, spéciaux, existent aussi bien pour les minéraux que pour les êtres plus élevés de l'échelle.... » Ceci est exact, comme ce qui suit : « l'hérédité est une loi de la matière, de même que la concurrence vitale. L'hérédité fait que les êtres, la matière, tout en évoluant, reproduisent les traits ancestraux principaux et saillants... »

Chaque espèce hérite des conquêtes de l'espèce et la reproduit en la perfectionnant, mais non en la transformant en une autre espèce. Voilà qui est clair et conforme à l'observation.

L'isomérisme, l'isomorphisme, le métamérisme et le métamorphisme ont été confondus dans un transformisme général et universel, qui ne repose sur aucune base scientifique. Les corps, tout en ayant une même composition, peuvent n'avoir aucun rapport entre eux : tels le glucose, l'acide acétique ; ils ont une même fonction où une partie de la molécule regagne ce qui manque dans l'autre, comme le formiate d'éthyle ; ils peuvent être multiples ou sous-multiples les uns des autres, comme le térébenthène ; ils peuvent se présenter sous des aspects divers, tout en étant de même nature : tel le carbone qui se présente sous forme de charbon ou de diamant ; ils peuvent cristalliser sous des formes presque identiques et se mêler dans toutes les proportions. Le métamorphisme est une altération que subissent les corps au contact de nouveaux corps. C'est ainsi que des calcaires terreux sont devenus cristallins ou se sont transformés en dolomies au contact des basaltes, que les argiles se sont transformées en ardoises.

Mais jamais les règnes et les espèces ne se confondent en se transformant les uns dans les autres.

VI

Sous le nom de sciences occultes, on étudie encore les signes ou correspondances des constellations et des planètes (astrologie), les influences qu'elles exercent sur l'homme et son entourage, d'où les romans ou thèmes généthliaques, horoscopes, etc.

On ne saurait nier cette influence, pas plus que toute autre. Il est certain que le milieu où l'on se développe est lui-même influencé par d'autres milieux, la terre par les autres planètes, le soleil par d'autres soleils, etc.; tout est lié dans l'univers; il n'y a pas de vide; il est par suite admissible que les corps, à quelque distance qu'ils se trouvent, émanent des forces qui se rencontrent, se mélangent et agissent les unes sur les autres.

La phrénologie, la chiromancie, la physiognomonie, la graphologie, l'examen de toutes les parties du corps sont autant de diagnostics qui ont une valeur d'autant plus grande que le spécialiste est lui-même plus observateur et plus intuitif. Mais il n'y a aucune règle absolue; il n'y a rien de mathématique. Les signes extérieurs ne sont que l'expression d'un état général ou particulier, physiologique et psychique de l'individu, et les individus varient à l'infini.

L'art de la divination était pratiqué dans la plus haute antiquité par des intuitifs de haute envergure. Ils déduisaient des faits passés les faits à venir. Toute l'histoire de l'humanité peut être reconstituée par un vrai voyant qui lit dans l'atmosphère, dans l'*akasa* des théosophes, les événements et les scènes qui se sont déroulés sur la terre et qui se conservent indéfiniment dans l'ÉTERNEL PRÉSENT.

Aujourd'hui, en Europe et ailleurs, il existe une foule de personnes se disant cartomanciennes, chiromanciennes, qui lisent votre passé et votre avenir dans les cartes, dans votre main, dans le marc de café, le verre d'eau, le blanc d'œuf, etc., etc.

J'ai constaté que la plupart d'entre elles, élimination faite du charlatanisme, possédaient réellement des facultés; mais malheureusement livrées à elles-mêmes et à toutes les influences, elles ne peuvent développer leur sens intérieur en toute liberté. Les cartes, le marc de café, etc. ne sont qu'un simple moyen, un adjuvant et n'ont en eux-mêmes aucune efficacité. Les phénomènes de clairvoyance et de divination obtenus à l'aide de ces procédés sont analogues à ceux du somnambulisme magnétique (et non hypnotique). La somnambule se met en rapport avec le consultant dans l'âme duquel elle lit comme dans un livre, tantôt clairement, tantôt confusément. Cela dépend non seulement des facultés de la somnambule, mais encore de l'*aura* ou de la *transparence* de l'état sensoriel ou intellectuel du consultant.

L'aura, qui est la lumière intérieure dont les couleurs et l'intensité varient, où les pensées s'agitent, vient frapper la somnambule, qui raconte ce qu'elle voit, ce qu'elle sent dans cet univers animé qui est notre être intérieur. C'est une simple transmission, lecture de pensée ou plutôt une transmission de mouvements vibratoires ; mais il y a quelquefois autre chose. Elle pressent et prévoit les évènements futurs ; je l'ai constaté expérimentalement et certains faits annoncés auxquels je ne songeais pas se sont réalisés. Dans ce cas, il n'y a plus simple suggestion ou lecture de pensée, il y a prévision.

Prenons le marc du café. Les cartes, le noir de fumée, etc., agissent d'une façon analogue. La *voyante* étend son marc sur une assiette, en vous faisant souffler dessus et en vous priant de concentrer votre attention sur ce marc. Puis elle se met à regarder dans l'assiette; avec une plume ou une aiguille, elle démêle les figures et les formes qui se dessinent; elle vous annonce des faits et des évènements de votre vie passée, présente ou à venir. Elle dit souvent des choses exactes. J'ai soin de déclarer qu'il faut avant tout se tenir en garde contre toute supercherie et éviter de parler ou de répondre aux questions que la voyante peut vous faire afin de vous arracher des aveux ou des mots qui expliqueraient très facilement sa faculté de divination. Que se passe-t-il? Le phénomène est le même que dans le somnambulisme. Votre aura, vos vibrations se communiquent à celles de la devineresse et viennent se condenser dans le marc; les images, les dessins et les formes de votre pensée se matérialisent au moyen d'un procédé psychique dont le marc n'est que la résultante visible.

Le seul résultat pratique qu'on puisse tirer de ces consultations consiste dans les avis utiles qui peuvent être donnés par des sensitifs *éprouvés*. Mais gare à la mystification!

Le miroir magique agit d'une façon analogue. Si vous êtes suffisamment sensitif ou si vous êtes doué suffisamment du pouvoir d'extériorisation, si vous parvenez à concentrer votre attention sur un verre de cristal, vous ne tarderez pas à voir des figures, des images, des scènes de toutes sortes. C'est quelquefois votre propre rêve que vous contemplez, d'autres fois c'est une scène réelle qui vient se photographier dans le cristal, scène qui se passe loin de vous et dont vous pouvez vérifier l'exactitude. C'est de la télépathie ou transmission de pensée et d'images à distance.

Le baron du Potet, dans sa *Magie dévoilée*, nous raconte les phénomènes qu'il a obtenus au moyen d'un cercle dit magique. Il décrivait des cercles ou des lignes avec du charbon ou de la craie sur le plancher, et il invitait une ou plusieurs personnes à regarder. Les personnes, suivant leur sensitivité, éprouvaient, au bout d'un instant, diverses impressions joyeuses ou tristes, quelquefois terrifiantes; elles voyaient des scènes dont elles ne pouvaient détacher leur regard. Du Potet, en traçant ces cercles, concentrait sa volonté sur une idée ou une série d'images, et il imprimait aux figures qu'il traçait l'idée ou les images dont il voulait communiquer ou déterminer la vision chez les sujets. Quelquefois il se bornait à avoir la simple volonté que les sujets pussent voir ce qui les intéresserait le plus.

C'est la pensée qui s'extériorise et elle s'extériorise par tous les moyens. Quant aux faits télépathiques provoqués, voici ce qui se passe. J'ai, je suppose, un ami à New-York; je veux savoir ce qu'il fait. J'interroge mon miroir ou j'emploie tel autre adjuvant. Je concentre sur cet objet mon désir de voir, je pense fortement à mon ami; il m'apparaît et je le vois, je vois ce qu'il fait à ce moment. J'ai mis simplement mes propres vibrations cérébrales en harmonie avec celles de mon ami et une correspondance psychique s'en est suivie.

VII

La magie cérémonielle que j'appelerai fétichique, consiste dans l'évocation d'êtres en affinité avec l'idée qui domine chez l'évocateur.

On use à cet effet de signes extérieurs, de pantacles, de figures auxquels on attribue une signification quelconque.

On brûle des parfums ; on dessine avec le geste ou réellement avec une substance déterminée la forme qu'on veut voir apparaître ; on intensifie son attention sur une idée et on attend : les forces astrales combinées avec la puissance psychique émise et la fumée de l'encens ou autre substance génèrent des figures que des sensitifs peuvent apercevoir et dont les moins sensitifs peuvent parfois ressentir l'influence sur le système nerveux.

Dans les cérémonies religieuses, on a cité des cas d'apparition dûment constatée d'un

Christ en croix, d'un saint, d'un ange aux ailes blanches.

Chez les vulgaires magiciens, dont les pouvoirs sont plus ou moins actifs, des apparitions d'un autre genre peuvent être obtenues.

Le magicien est armé d'une épée ou d'un fer pointu avec lequel il peut dissoudre ou éloigner les formes.

Cette opération est le *coagula, solve* que les magiciens mettent en pratique.

Ces forces électro-magnétiques se combinent et se dissolvent comme toutes les forces. En somme, de l'état statique, elles passent à l'état dynamique et inversement.

Mais il arrive que l'évocateur est inhabile et maladroit et alors il est victime de son imprudence, absolument comme le chimiste ou le physicien qui risque une expérience dont il n'est pas sûr ou dont il n'a pas calculé les effets.

La pompe ou les appareils magiques, plus ou moins artistiques, les parfums ou essences sont autant d'adjuvants propres à surexciter les sens et l'imagination.

Le mage conscient en use dans un but plus ou moins avouable ; mais comme il se prépare généralement à ces sortes d'évocations par le jeûne, l'abstinence et autres pratiques débilitantes, il se trouve admirablement placé pour se créer un état auto-suggestionnel et hallucinatoire.

Les lieux *hantés*, les régions qu'on peut appeler magnétiques où des influences de toutes sortes ont laissé comme une empreinte, *sui generis*, sont des champs d'expérience excellents.

Les forces électriques, psychiques et mentales s'accumulent en certains endroits: tels les églises, les couvents, etc. ; c'est pour cela qu'on *consacre* des édifices, des objets, des terrains, des personnes mêmes ; on les varie à des destinations particulières.

« La force psychique est susceptible d'affluer, moyennant certaines conditions, avec une énergie exceptionnelle, et de *surcharger* un homme, un objet, un territoire, une région de l'atmosphère, etc., ou encore tels ou tels organes d'un homme, telles parties d'un objet, d'un territoire, etc.

« Comment s'obtient la surcharge ? De mille manières. Dans l'homme :

1° Par don naturel, prédisposition du tempérament. Il y a des magnétiseurs ou des médiums-nés ; comme il y a des athlètes-nés, des chanteurs-nés, des calculateurs-nés, etc.

Il y a des vocations naturelles psychiques, comme il y a des vocations athlétiques, scientifiques, artistiques, etc.

2° Par magnétisation, soit qu'un autre vous magnétise, soit qu'on se magnétise soi-même ;

3° Par vêtements isolants, soie, caoutchouc

etc. (car la force psychique (1) n'est pas sans rapport avec l'électricité).

4° Par certaines plantes, certains parfums. Mais ce sont des moyens dangereux, surtout si l'on emploie les plantes et parfums les plus puissants ;

5° Par concentration de la pensée ;

6° Par exaltation de l'imagination dans une direction unique, etc. (2) ».

Le fétichisme consiste dans l'association d'une idée avec un objet ou un lieu quelconque. Il n'est le plus souvent qu'un moyen mnémotechnique et en principe il n'est pas autre chose.

On peut communiquer cette idée par la simple transmission de l'objet *fétichisé*. Souvent, le plus souvent même, on *sature* l'objet de forces psychiques et mentales ; on l'aimante. Mais cet aimant psychique n'a d'effet que sur les personnes en affinité de pensées avec l'auteur. C'est toujours le même principe : l'action d'une idée, d'une suggestion ou d'une magnétisation est en raison directe de la réceptivité de la personne.

Tous ceux qui sont la proie d'une passion, quelle qu'elle soit, sont susceptibles d'être impressionnés et même fascinés ; car le magi-

---

(1) Il faut dire plutôt *force nerveuse*.
(2) Albert Jounet, *Principes généraux de science psychique*.

cien, comme l'hypnotiseur, peut déterminer chez eux des hallucinations qui se convertissent quelquefois en images visibles et tangibles (1), suivant la puissance de fascination et la *foi* ou *crédivité*, que cette puissance génère dans l'âme du fasciné. Toutes les formations psychiques, physico-psychiques, nées dans un milieu *surchargé* persistent tant que dure l'action, tant que l'homme ou une collectivité entretient le foyer de vie artificiellement créé.

Les voyants ou voyantes, devins ou devineresses que nous consultons peuvent être remplacés par nous-mêmes. Nous-mêmes nous pouvons savoir ce que nous voulons savoir. Que faut-il pour cela? Etre parfaitement équilibré, savoir concentrer sa volonté sur une idée, être successivement actif et passif, actif dans la volition, passif dans la contemplation. Vous projetez par un acte volontaire votre pensée, puis vous attendez passivement. C'est le secret du soi-disant mage, c'est encore le secret de l'hypnotiseur. Il oblige un sujet à concentrer son attention sur un objet ou une idée, et par là même il donne libre essor à sa faculté imaginative qui devient passive, réceptrice, à son *sub-conscient*, comme il dit.

Et c'est ce *sub-conscient* qui va recevoir les impressions provoquées. Il faut penser exclusivement et constamment à la même chose ou à la même personne, jusqu'à ce que la chose ou

---

(1) Voir les *Hallucinations* (Alban Dubet).

la personne nous apparaisse nettement. En apparence c'est facile, mais en réalité la difficulté est considérable. Il faut un entraînement méthodique, très long et très suivi ; mais il y a des natures réfractaires et il faut, avant de se livrer à cet exercice, connaître ses propres capacités.

Au reste ces pratiques dites magiques sont extrêmement dangereuses. L'homme seul livré à lui même, sans guide, risque tout simplement la folie ou même la mort. Les vrais mages ne s'entraînent jamais seuls, parceque, pour arriver à être tour à tour et à volonté, actif et passif dans l'hypnose ou la trance à tous les degrés, il faut être équilibré d'une façon absolue et pour peu que cet équilibre se rompe, c'est la folie ou la mort; il faut de plus posséder la connaissance et être protégé par un autre mage qui vous assiste dans vos expériences.

L'envoûtement, que je ne décrirai pas, procède des mêmes principes : action à distance d'une suggestion après qu'un *rapport sensible* a été établi, d'une façon quelconque, entre l'envoûteur et l'envoûté. Le *choc en retour* consiste en ceci ; la suggestion véritable idée-force vitalisée est repoussée et revient à son auteur qui peut subir lui-même ce qu'il voulait infliger à sa victime. Pour échapper à ce genre de suggestion comme à toute influence, quelle qu'elle soit, c'est excessivement simple : il n'y a qu'à ne pas vouloir.

Souvent le *mage* ou *sorcier* qui a le pouvoir de

s'extérioriser peut manifester sa présence. S'il rencontre des médiums ou sensitifs, il y a des coups frappés, des phénomènes physiques. Le *sorcier* persécute sa victime. Un praticien expert parvient à détruire le *charme*. C'est ainsi que le *sorcier* est parfois trouvé, blessé ou inanimé dans son lit.

On connaît les expériences de l'abbé Schnœbelé, entre autres. L'explication est des plus simples. Le corps nerveux extériorisé peut être atteint par plusieurs moyens (pointes d'acier). La blessure faite au corps nerveux se répercute sur le corps physique (1).

Peut-on maintenant soutenir que toutes ces pratiques doivent être vulgarisées ?

Est-ce que tout cela ne doit pas être réservé aux hommes de science qui peuvent seuls en tirer des conséquences et en faire des applications utiles ? La foule qui se précipite chez les somnambules, diseuses de bonne aventure, non contrôlées, non éprouvées et qui s'imagine arriver ainsi à découvrir des secrets dans un but égoïste ou coupable, ne va-t-elle pas au devant d'un danger flagrant ? Est ce que ces pratiques spirites ou occultes ne la livrent pas à toutes les suggestions, à tous les cauchemars ? Aussi voit-on de pauvres gens abandonner leurs professions, négliger leurs devoirs

---

(1) Voir *Extériorisation de la sensibilité* (M. de Rochas).

et leurs intérêts pour aller entendre des sornettes chez des médiums et autres détraqués et se livrer ensuite eux-mêmes, dans la solitude, à cet onanisme psychique, prélude des maux consécutifs à cette habitude funeste ? Mais peut-on enrayer la marche de cette épidémie ? Espérons que la réaction se fera, quand on aura compté assez de victimes et que des exemples nombreux auront dessillé les yeux.

VIII

L'occultiste, digne de ce nom, répudie tout ce qui est vulgaire, tout ce qui est grimace, contre-façon ou plagiat. Il ne recherche pas la faveur populaire, les applaudissements ou les hochets de la vanité. Il n'aspire pas à une récompense éphémère ou trompeuse, il répudie cette série de morts et de renaissances que des commentateurs ignorants ont cru trouver dans les écritures ; il comprend le véritable sens de ces paroles de la *Bhagavad-Gita* :

« Cherche ton refuge dans la raison ; malheureux ceux qui aspirent à une récompense...

« Comme l'on quitte des vêtements usés pour en prendre de nouveaux, ainsi l'Ame quitte les corps usés pour revêtir de nouveaux corps...

Les rencontres des éléments qui causent le froid et le chaud, le plaisir et la douleur, ont des retours et ne sont point éternelles. Supporte-les. L'homme qu'elles ne troublent pas, l'homme ferme dans les plaisirs et dans les douleurs devient participant de l'immortalité...

« Lorsque jadis le Souverain du monde produisit les êtres avec le Sacrifice, il leur dit : par lui multipliez ; qu'il soit pour vous la vache d'abondance...

« Tué, tu gagneras le ciel ; vainqueur, tu posséderas la terre... »

La récompense de l'homme qui lutte n'est pas en dehors de lui. Ces vêtements usés ne sont pas les corps qu'on réassume par les réincarnations ou les naissances successives ; ce serait une alternative d'amoindrissement et d'accroissement, d'existences sans lien et sans portée ; ce serait tour à tour la régression et le progrès ; l'être ne peut revenir à l'état embryonnaire après avoir été homme. L'homme fait ne peut redevenir enfant. On reste ce qu'on est ; la nature ne fait pas de sauts en arrière. La mort est une dissolution, une dispersion d'éléments n'ayant aucune cohésion ni affinité. L'homme véritable ne connait pas cette dissolution.

Ces vêtements usés, ce sont les pensées, les désirs illégitimes et tous les déchets de l'organisme que l'on rejette ; le sang et la force nerveuse se renouvellent sans cesse dans la forme humaine qui ne se détruit pas, mais se conserve dans son intégrité. L'immortalité du corps est la condition de l'immortalité de tous les états dont il est le support, la pierre angulaire et l'édifice. On parvient à cette immortalité par le développement de l'aura intellectuelle et divine qui protège et enveloppe graduellement l'être tout entier. C'est une lumière à la fois intérieure et extérieure qui se développe et enveloppe le corps qu'elle divinise avec tous ses états physique, nerveux, psychique et spirituel.

Tel est le but que l'homme doit rechercher avant tout. Quand cette restitution sera opérée, la matière la plus dense cessera d'être opaque ; l'homme, au lieu de ramper péniblement, aura réellement des ailes.

Le Sacrifice, pour la Divinité, pour l'Intelligence cosmique, c'est le don qu'elle fait d'elle-même, sans jamais s'épuiser ni s'amoindrir, à tous ceux qui veulent savoir. Analogiquement, c'est le don que nous faisons de notre science et de notre amour à tous ceux qui en sont dignes et qui veulent la restitution de l'homme dans son intégralité. Enseigner et aimer n'amoindrit pas, ne diminue pas celui qui enseigne et qui aime ; au contraire, il augmente en lui la puissance d'expansion et de rayonnement. Voilà le sacrifice fécond pour celui qui donne et pour celui qui reçoit. L'identification ou l'union avec l'Absolu ne signifie pas renonciation à son individualité, mais accord avec la loi qui régit les rapports des êtres entre eux.

Les mutilations successives que des cerveaux malades considèrent comme nécessaires conduisent à la faiblesse, à l'anémie et finalement à la mort, objet de leur désir. Inutile à soi-même, on devient inutile aux autres. Frères, il faut mourir, crient tous ces malades; — mourir il faut, répond l'écho.

Mourez donc, tuez-vous, vous tous qui aspirez au ciel; abandonnez-vous, abandonnez vos amis, vos frères, l'humanité, la terre, pour ces champs de l'Infini où l'individualité n'existe pas. Au contraire, luttez, travaillez, vainquez la mort et la transition, fortifiez-vous, grandissez votre individualité et vous posséderez la terre. Choisissez, vous êtes libres.

L'humanité cherche l'équilibre comme l'individu et elle ne l'a pas encore trouvé. A chaque changement dans la forme gouvernementale ou religieuse, les peuples ont cru au triomphe définitif d'idées et de passions tumultueuses, de dieux et de héros dont ils proclamaient l'avènement et le triomphe, pour l'éternité. Triste et éphémère éternité!

Histoire, redis-nous les empires détruits, les dynasties abattues, les peuples anéantis.

Voici l'Inde avec Boudha : Les royaumes de Koçala, Ayodhia, Çravasti, Kauçambi sont dans la prospérité. Vient Kalaçoka, roi de Magadha qui bouleverse ces royaumes. Surgit un brigand qui recrute des partisans et ravage à son tour le Magadha. Il fonde la dynastie des Nanda. Dynastie glorieuse qui règne sur les ruines qu'elles a accumulées ! Elle triomphe ! Est-ce pour l'éternité? Non, car voici un misérable Çoudra qui renverse la dynastie des Nanda et fonde un empire : tout l'Hindoustan est à ses pieds, aux pieds de la nouvelle dynastie des Maurya. Est-ce fini ? Ce nouveau triomphe est-il éternel ? Non encore. Voici Diodote le grec qui fonde le royaume de Bactriane et anéantit les Maurya et leur empire.

Nouveau triomphe; hélas, nouvelle ruine !

Les Indo-Scythes détruisent ce nouvel empire; à leur tour ils sont vaincus et soumis par un Indien qui fonde un puissant royaume et dont le règne va être glorieux. Encore un triomphateur !

Histoire, est-ce tout ? Non, écoutez encore.

L'Egypte est un royaume puissant sous le règne des Pharaons. Les Phéniciens, avec leurs glorieuses capitales, Didon et Tyr, ont des colonies florissantes; ils étendent leur empire jusqu'aux colonnes d'Hercule; la terre leur est soumise. La nation juive est en pleine prospérité.

Mais voici les Assyriens : nouvelle puissance, nouveau triomphe ! Ils subjuguent les juifs, détruisent l'empire phénicien, soumettent l'Egypte.

C'est le règne de Sémiramis la superbe, la glorieuse, l'invincible; c'est la suprématie de Ninive.

Viennent les Mèdes et les Babyloniens, et voilà Ninive détruite. Babylone triomphe! Son grand roi Nabuchodonosor se proclame dieu et son peuple l'adore. Des fêtes partout, des réjouissances toujours!

Mais voici que Cyrus surgit : il va facilement conquérir une nation corrompue par son triomphe. De Babylone il ne reste pas pierre sur pierre, et la dynastie babylonienne a vécu.

Les Sardes, avec Crésus, nagent dans le plaisir et dans l'abondance. Le même Cyrus porte chez eux le fer et la flamme, et voilà un nouveau royaume anéanti.

La Perse triomphe avec Darius. Survient Alexandre le Grand et voilà la Perse vaincue et la dynastie de Darius disparue.

Enfin nous touchons au faîte des grandeurs et de la puissance. Alexandre fonde un empire tel que le monde n'en avait vu jusqu'alors. Le vrai triomphateur, le voilà! Que dis-je? Mais voici que déjà l'empire a disparu avec le *Basileus*. Alexandre mort, l'empire meurt.

Histoire, sombre histoire, tu ne nous parles que de conquêtes et de conquérants, d'empires et de dynasties, de gloires et de triomphes, de ruines et de massacres, de peuples victorieux et de peuples vaincus, de triomphes éphémères et de prospérités menteuses. N'as-tu pas autre chose à nous dire, et cette horrible vision ne prendra-t-elle pas fin?

Non, écoute toujours.

Voici des Républiques. La Grèce, ce petit peuple confiné à l'extrémité de l'Europe, par sa discipline, son mépris des richesses de la volupté, a conquis les trois quarts du monde alors connu.

La force résidait dans les qualités privées des citoyens; ils étaient durs, mais chastes; ils étaient pauvres, mais forts. Malheureusement ce pays n'a pas su conserver dans le cœur de tous les grecs l'idée supérieure qui devait dominer tout : l'idée d'union et de hiérarchie.

Athènes a été ruinée par Sparte, Sparte par Thèbes et Thèbes elle-même s'est épuisée par ses propres efforts.

La Grèce devait être une proie facile. Après une période brillante et prospère, succombant sous les coups qu'elle se portait elle même, elle ne peut résister à l'envahisseur.

Philippe, roi de Macédoine, en fait la conquête. C'en est fait; malgré ses soldats, le nouvel empire macédonien est destiné à périr.

Encore une dynastie disparue! Rome, comme la Grèce, eut les mêmes commencements. Comme la Grèce, elle aura la même fin.

La République romaine triomphe avec son Sénat, ses généraux et ses consuls. Ce qui fait sa force et sa grandeur, c'est le patriotisme des citoyens, c'est la religion de ses pontifes, de ses augures et de ses maîtres, semblables du reste en cela aux Grecs. Pauvres pontifes, pauvres augures!

La Grèce est vaincue, soumise par les Romains. Elle n'est plus qu'une province romaine.

Rome à son tour va succomber. Les dieux s'en vont, les vertus publiques et privées disparaissent. Il ne restera plus qu'une tourbe d'hommes perdus de débauches et de crimes et une horde de soldats prêts à se vendre au plus audacieux et au plus vil.

César le conquérant va enrichir la République d'une nouvelle province : la Gaule. Ses victoires vont enivrer les Romains et ruiner la République. N'étant plus dignes de la liberté, ils vont se donner un maître.

L'Empire est fait. Il va briller de tout son éclat sans Auguste. César-Auguste ! Enfin voilà le triomphe, voilà le triomphateur ! Rome éternelle, l'empire éternel, l'empire des Césars !

Hélas ! quelle décadence ! Où donc est l'empire, où donc César-Auguste ? Voici Tibère, puis Domitien, puis Caligula, Néron ! A l'encan l'Empire ! Aux enchères la dynastie !

Jésus-Christ est né et l'Empire romain vit encore. Vienne l'invasion; vienne la dislocation de l'Empire, et Constantin est là tout prêt à servir les desseins de nouveaux dieux. Ces nouveaux dieux vont préparer de nouveaux déchirements, de nouvelles haines et de nouvelles discordes.

C'est au nom de Jésus le Nazaréen que le

monde va désormais lever l'étendard des guerres de religion. Le labarum et la croix vont servir de signes de ralliement, que dis-je, de disputes et de persécutions.

A côté et au dessus des dynasties naissantes s'élèvera celle des papes. Ils triompheront et avec eux l'église; mais quel triomphe ! Divisée, déchirée, les schismes naîtront d'elle-même.

De cette église sortiront d'autres églises qui toutes se jetteront l'anathème au nom du nouveau dieu. Jésus l'avait dit : Je ne suis pas venu apporter la paix, mais la guerre.

Et quelle guerre !

La plus atroce de toutes. Quelle oppression plus horrible, plus douloureuse que celle des consciences !

> O Eglise des Papes, où est ton triomphe ?
> Histoire, as-tu tout dit ?

Pas encore. Raconterai-je ces exodes turbulents de peuples farouches, semant partout le deuil, les larmes et la mort ? Parlerai-je de l'agonie de l'empire romain, de la naissance de ces nouveaux États, tour à tour vainqueurs et vaincus, se détruisant les uns les autres au nom de nouveaux dieux qui animent leurs sectateurs et les poussent au combat !

Sombre Moyen-âge, que nous apprends-tu ?

Les grands empires ont vécu, les puissantes dynasties ont été noyées dans des flots de sang. Que reste-t-il de tous les triomphes passés, de toutes les splendeurs entrevues ! Un immense cloaque, un charnier puant. De cette fétidité, de cette fermentation putride, que sortira-t-il !

Encore de nouveaux et puissants royaumes, encore et toujours de glorieuses dynasties, de rois et d'empereurs triomphants.

Charlemagne, le conquérant, fonde son empire : l'Europe est à ses pieds. Tout tremble devant lui. Il triomphe. Hélas! Ses successeurs, des nains, que la postérité a connus sous les qualificatifs de *débonnaire*, *gros* et *chauve*, ne peuvent tenir dans leurs mains débiles un sceptre aussi lourd ; il tombe et sa chute est suivie de désastres ; l'empire de Charlemagne n'est plus.

Nouveau Charlemagne, voici Charles-Quint. Va-t-il fonder pour l'éternité cet empire que Guillaume II se flatte d'avoir ressuscité? Éphémère lui aussi, éphémère son triomphe ! L'empire meurt avec son fondateur.

Louis-le-Grand est prédit ; la France, sous ce grand roi, jouit des plus beaux triomphes. Le Roi-Soleil, le roi très-chrétien, n'a pas son pareil, *nec pluribus impar* ; tout lui est soumis. Quand il fronce les sourcils, la terre tremble. Il ne se doutait pas, l'insensé, que Louis XV allait naître et avec lui la Révolution.

O rêves de grandeur ! O chimères ! La dynastie glorieuse du grand roi s'effondre misérablement. Après Louis-le-Grand, Louis-le-

Petit! Après la puissance, la faiblesse ; après la faiblesse, la honte, l'ignominie.

La *grande populace et la sainte canaille* renversent les débris d'un trône vermoulu ; elles jettent aux dynasties épouvantées une tête de roi.

La République Française sème la terreur dans les Cours, elle fait la guerre au nom de la Liberté ; elle tue, égorge au nom de la Fraternité, elle proclame l'Egalité de tous les hommes devant la guillotine. L'aurons-nous, cette liberté? L'égalité des citoyens, la conserverons-nous? Et la fraternité? O les grands mots! O les grandes choses !

L'œuvre de délivrance est terminée. C'est entendu ; la République a dit son dernier mot. Plus de rois, plus d'empereurs! — Ironie, mensonge, vanité!

Un nouveau César surgit de cette multitude enivrée. Il bâillonne la République ; il emprisonne les Jacobins, impose silence aux rumeurs de la foule. Il se proclame empereur et fonde une dynastie. L'Europe est subjuguée, les dynasties vaincues se taisent et se prosternent devant lui. C'est Napoléon le Grand, c'est le triomphateur béni de Dieu et du Pape. C'est fini. La terre va sans doute cesser de rouler dans l'espace. Les temps sont arrivés ; c'est l'Eternité qui commence.

Eh bien, non. Les Cieux ne sont pas ébranlés, la terre tourne toujours, le Pape est mort et l'Empereur va périr misérablement sur un roc stérile et brûlé par le soleil.

O dynastie, où es-tu? Empire, qu'es-tu devenu?

L'Anglais triomphe à son tour. Il piétine sur le cadavre de Bonaparte et grince des dents. C'est l'aurore de Victoria, du grand règne. En vain Napoléon le Grand s'agitera dans sa tombe pour susciter un vengeur; dérision amère, suprême ironie du destin ; ta nouvelle incarnation, o géant, la voici : c'est Napoléon III. Il a eu son triomphe, lui aussi, comme toi. Il s'est cru éternel, lui aussi ; il s'est coiffé de ton chapeau et s'est fait appeler Napoléon; il s'est dit ton successeur.

Le monde surpris allait le croire, quand le fantôme de cette République que tu avais étranglée s'est tout à coup dressé devant lui.

Elle revit cette République que, par trois fois les dynasties ont tuée. A-t-elle changé? Nous est-elle revenue purifiée? Est-elle éternelle, et peut-on fermer le livre du destin?

Histoire, arrête-toi. L'avenir ne t'appartient pas.

Trônes, Dynasties, Républiques, Religions, vous avez passé, vous passez et vous repasserez sous des formes et des figures diverses; mais vous êtes et vous serez toujours les mêmes. Votre signe, c'est la souffrance; votre règne, c'est la tyrannie, vos moyens, c'est la guerre ; votre but, la domination.

L'histoire des religions est le martyrologe

de l'humanité, comme l'histoire des sectes et académies scientifiques est le martyrologe du génie. Raconterai-je, funèbre vision, les persécutions séculaires contre tous ceux qui ont tenté d'éclairer l'humanité par leurs découvertes dans toutes les branches de la connaissance? Histoire, tais-toi. Tu as assez parlé, tu en as assez dit pour que désormais nous marchions librement vers le but que tant de dieux ennemis ont dérobé à notre vue.

Plus de martyrs, plus de sectaires! Plus de fausses lueurs, plus de mensonges! Plus de « providence diabolique qui prépare le malheur dès le berceau, qui jette avec préméditation des natures spirituelles et angéliques dans des milieux hostiles, comme des martyrs dans les cirques!... Qu'il n'y ait plus de ces âmes *sacrées*, vouées à l'autel, condamnées à marcher à la mort et à la gloire à travers leurs propres ruines! (1) ».

Le rôle de l'occultisme est éminemment social. Par la connaissance des lois de la nature cosmique et humaine, il doit ramener dans les sociétés l'ordre et l'harmonie. Par la puissance de ses initiés, il doit dissiper ces hordes ténébreuses et anarchiques, qui ravagent les corps et les âmes et qui ont amené cette décomposition dans l'organisme social.

« Les sociétés civilisées, disait Montesquieu,

(1 Baudelaire.

sont atteintes d'une maladie de langueur, d'un vice intérieur, d'un venin secret et caché. » — « Ce ne sont pas là des hommes, disait encore J.-J. Rousseau ; il y a quelque bouleversement dont nous ne savons pas pénétrer la cause. »

Bernardin de Saint-Pierre éprouvait la même tristesse : « Quelques-uns fondés sur les traditions sacrées, écrivait-il, pensent que l'état actuel est un état de punition et de ruine et que ce monde a existé avec d'autres harmonies. »

Et ce cri de Voltaire, le grand ironiste :

Montrez l'homme à mes yeux; honteux de m'ignorer
Dans mon être, dans moi, je cherche à pénétrer;
Mais quelle épaisse nuit voile encor la nature!...

Tous les grands penseurs ont senti que l'homme avait dû régner dans le passé lointain et que son état actuel était une déchéance. Oui, l'homme a connu la puissance et le bonheur, oui, il a régné sur la terre, et c'est pour sa restauration que les occultistes doivent combattre sans trêve ni merci. C'est une guerre à mort ; il n'y a pas de transaction possible. *To be or notto be*, être ou ne pas être, telle est l'alternative.

IX

Le domaine de l'occulte, tant exploité et si mal compris, ne doit-être abordé que par les personnes prudentes, équilibrées, possédant une connaissance suffisante avec des pouvoirs psychiques nécessaires, et cela sans aucune préoccupation personnelle, dans le simple but de s'éclairer et d'éclairer ceux qui cherchent. Mais combien dangereuse cette exploration, lorsqu'elle est entreprise sans préparation ! Semblable au voyageur égaré dans un pays inconnu, environné de périls de toutes sortes qu'il ne connaît pas, il trébuche à chaque instant, tombe, se relève, retombe encore; ici des ténèbres qu'illumine parfois un éclair, là une lumière crue.

Pas de régularité dans les saisons, du froid intense on passe subitement à la chaleur la plus accablante, de la flore la plus riche, on va sans gradation à la plaine aride et rocailleuse. Des êtres étranges, des formes changeantes traversent comme des ombres un paysage tantôt désolé, tantôt riant. On éprouve tour à tour des frissons et de la langueur. Gare à la peur ou à la séduction ! Prenez garde; chaque être est un ennemi, chaque fleur est un poison.

Tenez en main l'épée et frappez sans pitié. Tout ce monde, reflet de la terre et des pensées humaines, est inconsistant et fugace; c'est comme un rêve à la fois extériorisé et intériorisé où l'on se promène dans une sorte de somnambulisme éveillé. Des fantômes, tantôt attirants, tantôt repoussants, véritable faune protéique, vous fascinent ou vous hypnotisent. Vous vous fondez en eux et ils se fondent en vous. Pour franchir ce premier état ou ce plan, il faut abattre toutes ces formes, les dissoudre avec la lumière de votre aura, symbolisée par l'épée de diamant.

Vous pouvez ainsi passer d'un plan à l'autre et atteindre le plus élevé.

Si vous pouvez ainsi parcourir tous ces sites, et que vous puissiez revenir sain et sauf, vous vous rendez compte de ce fait : c'est que tout est illusion et mensonge ; tout est mirage ; vous n'êtes pas à votre aise, vous ne vous sentez plus vous-même et vous ne pouvez éviter le cauchemar qui suit une pareille exploration qu'avec une volonté et une énergie extraordinaires ; vous ne pouvez reprendre conscience de la réalité qu'en rentrant dans votre corps avec tous vos états momentanément extériorisés.

Si vous êtes habitué à cette exploration et que plus rien ne vous émeuve ou ne vous paralyse, vous pouvez ensuite étudier de plus près tout ce monde illusoire, saisir le sens de chaque manifestation, et voir à travers ces brouillards multicolores et multiformes. Mais il ne faut jamais s'aventurer seul ; il faut auprès de vous un expérimentateur éprouvé qui veille.

En dernière analyse, il faut posséder la connaissance et la puissance pour tenter de semblables expériences ; il faut savoir distinguer les Etres, les mirages et la réalité. Il faut être libre intellectuellement, fort physiquement, et cela ne suffit pas encore, il faut un don spécial qui ne s'acquiert pas.

N'y a-t-il donc que des êtres facétieux, follets ou malfaisants autour de nous, se demandera-t-on ; ne peut-on communiquer avec les intelligences de bonne volonté et comment les distinguer ?

On doit comprendre facilement que les êtres de désordre, refoulés, comme nous l'avons vu, dans les degrès nerveux et physique, ne pouvant plus remonter, parcequ'ils sont tenus en respect par des lutteurs invisibles audelà du plan dit *astral* et qu'ils tendent à se manifester par tous les moyens, on doit comprendre, dis-je, que ces êtres pullulent autour de nous et qu'ils forment un front de bandière impossible à franchir pour le non-initié.

Comment parvenir à rompre les lignes et comment communiquer avec les êtres de lumière ?

Voici en quelques mots le moyen.

Faire la clarté en soi-même, chasser toutes illusions et toutes croyances, être parfaitement libre, n'accepter que ce qui est démontré et ce que notre propre intelligence peut s'assimiler, sans pour cela rien nier, n'avoir aucun but personnel, placer la cause de l'humanité audessus de tout, développer par l'effort, alternant avec le repos et la méditation, ses capacités et ses pouvoirs, n'avoir pour guide que sa conscience et sa raison ; se défendre d'abord contre toute entreprise des êtres de mensonge qui, dans les débuts d'une initiation, usent de tous les artifices, de toutes les séductions, des menaces et des persécutions, les combattre ensuite, quand on est maître de soi, les vaincre et les subjuguer. De cette façon on tend la main aux intelligences supérieures qui, puissantes dans leur sphère, ne peuvent rien dans l'état physique. Mais les lignes rompues, tout danger n'a pas disparu ; il y a, peut-être, dans les autres plans, quelques meneurs, qu'il faudra savoir ou éviter ou combattre.

Un organisme résistant (ce qui ne veut pas dire qu'il faille peser *cent kilos*) une conscience pure, un esprit libre de crainte et de soucis, n'offrent aucune prise à l'ennemi ; si l'on ne peut vaincre, on peut du moins se défendre.

Si l'on n'est pas dans ces dispositions et que l'aptitude naturelle fasse défaut, il vaut mieux s'abstenir et remplir au mieux les devoirs ordinaires de sa profession.

Il y a une règle absolue (ici pas de relativisme) que tout le monde peut s'appliquer : tout ce qui tend à affaiblir physiquement, intellectuellement ou moralement, comme la foi aveugle, le mystère, les macérations, le jeûne, etc., ne produit que des hypocondriaques, des mélancoliques, des hystéro-épileptiques, des aliénés, en un mot des déséquilibrés, plongés soit dans l'hébétude ou fausse paix qu'ils prennent pour la béatitude ou extase divine, soit dans le délire, allant de la douce manie à la folie furieuse. Je ne parle pas seulement des privations volontaires, mais aussi des excès contraires qui mènent au même résultat, tels que la morphinomanie, l'alcoolisme, les lectures et plaisirs excentriques, déprimants ou énervants, les abus de toutes sortes.

Il faut toujours posséder la pleine conscience de soi-même. Croyances, préjugés, systèmes et idées préconçues, passions, tourments de l'âme et du corps, etc., sont autant d'écrans interposés entre l'homme et la lumière. C'est pourquoi il n'y a partout que du subjectivisme. « *Vérité ici, erreur au-delà.* » L'idée pure, la pensée qui en procède, l'homme qui s'identifie avec la Vérité cosmique, d'essence éternelle et impérissable, ne peuvent être confondus avec ce qui est transitoire, éphémère, né de circonstances de temps et de lieu, en un mot subjectif. L'immortalité individuelle est étroitement liée à la Vérité cosmique.

L'individu qui incarne un système meurt avec le système.

Quelques mystiques ou confessionnels viennent vous dire : ne confondez pas les crisiaques qui relèvent de la clinique avec les *béatifiés*. Les premiers sont des agités, des possédés, des démoniaques, les seconds sont sous l'influence des *anges, purs Esprits*, ou *Yoguis* et on ne remarque pas chez eux ces convulsions et ces délires qui sont l'apanage des premiers. Oui, sans doute, ces prétendus *bons anges* ne procèdent pas tous de la même manière; ils savent en effet s'adapter aux tempéraments et aux milieux. Quels que soient les moyens, le résultat est le même : l'annihilation de l'individualité.

Quant aux prétendues révélations ou prophéties de ces *influencés*, je crois inutile d'insister. Les erreurs et les mystifications ne se comptent plus. Il est vrai qu'on rencontre des prophéties... après coup, ou des *imbroglios* et des énigmes que le prophétisant ou inspiré explique toujours de façon à satisfaire les nigauds ou ceux qu'il a su fasciner.

Quant aux entités que certains magnétiseurs ou occultistes morticoles prétendent avoir à leur service et qui leur servent de messagers, ce sont des formations d'êtres plus puissants auxquels elles préparent les voies ; il faut bien amorcer les humains en leur persuadant qu'ils ont des pouvoirs... limités et utilisés par les pires ennemis de l'homme. Ces braves magiciens ressemblent à cet autre qui criait : « mon capitaine, j'ai fait un prisonnier ! » — Hé bien, amène-le ! répond le chef ». — Je voudrais bien, réplique le fier soudard, mais il ne veut pas me lâcher ».

Il est question, dans les traités anciens ou modernes, de *pactes* contractés avec les puissances invisibles. Et on fait une distinction. Le pacte est censé fait pour obtenir des pouvoirs en vue d'une vengeance, d'une satisfaction personnelle, d'une captation de fortune, etc., c'est la *sorcellerie ou magie noire*(1). Les entités qui servent le sorcier ont en échange main-mise sur *ses restes* après sa mort comme aussi sur tout ce qui l'approche et qu'elles peuvent utiliser. La plupart de ces *sorciers*, sinon tous, sont inconscients des moyens. D'autres fois, le magicien, illusionné sur le but qu'il poursuit, croit faire acte d'humanité, en facilitant chez ses adeptes ou chez les malheureux qui se fient à lui, ce qu'il appelle l'*union mystique* ou désintégration : la vie terrestre étant une torture, il faut y échapper et il leur expédie des bons anges qui leur entr'ouvrent le ciel en leur procurant des visions béatifiques. C'est l'état de *yoga*, de *sainteté* : on devient bienheureux., on goûte par avance les joies célestes. Voilà la *magie blanche* : pour parvenir à cet état il faut renoncer à tout; c'est le sacrifice. Sous prétexte de sacrifice on voit que ces illuminés sont de profonds égoïstes : le *moi* domine tout.

Si l'on veut une explication scientifique de ces pratiques, il ne faut pas oublier ceci : une entité ne peut agir sur le plan physique que par l'intermédiaire de l'homme, que par le système nerveux et musculaire de l'homme; elle commence toujours par l'influencer mentalement, à la suggestionner suivant les affinités qu'elle

---

(1) Il y a certaines chapelles où se pratique la *manipulation maçonnique*. Il n'est guère possible d'en parler sans blesser la pudeur et sans soulever le dégoût. A bon entendeur, salut.

rencontre; sous cette *impulsion* mentale, l'homme exécute. De même l'homme ne peut en influencer un autre mentalement, psychiquement, nerveusement qu'autant qu'il peut créer un lien avec lui ou se mettre en rapport harmonique avec les tendances bonnes ou mauvaises qu'il pressent ou devine. Il le capte, l'endort, le flatte ou lui en impose par le prestige ou la terreur : telle est l'origine de la suggestion et des stigmates moraux, nerveux ou physiques.

Le *praticien* expert sait discerner ceux qu'il peut impressionner. Mais ce praticien, ce *mage* ou *sorcier* n'est pas autre chose qu'un *médium*; il se croit libre, il ne l'est pas.

S'ils sont vraiment *maîtres*, ces prétendus occultistes, qu'ils essaient donc, non pour rire, non par forfanterie, mais sincèrement, résolument, de se débarrasser de leurs *serviteurs*, messieurs les *Esprits* ou *Démons*, et de redevenir eux-mêmes; c'est à ce moment qu'ils pourront juger de leurs propres forces; ils verront s'ils sont des maîtres ou des jouets, à moins qu'ils ne soient de simples jongleurs.

X

Parmi les nombreux mystiques morticoles, mystiques d'amour, de sacrifice, de béatitude *nirvanique*, c'est-à-dire aspirant à l'absorption dans l'Esprit pur, au non-être, au néant, on distingue particulièrement deux genres : les uns ne possèdent et ne désirent aucun pouvoir, pas même pour réaliser quoi que ce soit ; pour ceux-ci, tout est illusion ; la réalité, si toutefois on peut nommer ainsi un état d'annihilation, c'est l'Esprit pur, impersonnel qu'ils ne définissent pas et qu'ils sont incapables de définir ; du reste, ils s'abstiennent de penser, la pensée n'étant elle-même qu'une illusion.

Les autres possédant quelque pouvoir psychique ou magnétique s'imaginent le tenir de quelque être invisible qu'ils évoquent à chaque instant de leur vie : ils pratiquent la *prière*, qui est une forme de mendicité et ils lui attribuent toute efficacité. Ils sont fétichistes à leur manière. Il est vrai que les êtres avec lesquels ils sont en rapport leur persuadent que c'est grâce à eux et à leur puissance qu'ils peuvent quelquechose ; ces mystiques ne se rendent pas compte que, s'ils ne possédaient pas eux-mêmes les pouvoirs dont ils jouissent, aucun être au monde ne serait capable de les leur donner.

On peut instruire, guider ; mais jamais, au grand jamais on ne *créera* une faculté qui n'existe pas dans l'individu. Le pouvoir occulte ou magnétique ne se communique pas : on le possède à l'état latent et on le développe. De même on naît artiste, on ne le devient pas. Mais les êtres invisibles sont très habiles ; ils savent faire tourner à leur profit le bien et le mal, chaque fois qu'ils peuvent persuader à un naïf qu'ils possèdent une puissance réservée à l'homme seul.

Ces mystiques sont possédés par l'idée qu'ils ne peuvent rien sans leurs *guides*; elle est tellement ancrée dans leur cerveau, ils sont si bien suggestionnés qu'effectivement ils en arrivent à ne pouvoir rien sans recourir à la *prière*. Ce sont des soumis, des esclaves volontaires.

D'autres encore, variété nouvelle, considèrent la douleur comme nécesssaire, indispensable.

Evidemment pour celui qui n'a pas d'expérience et qui veut agir seul, dans n'importe quelle circonstance de la vie matérielle ou psychique, à chaque instant il se heurte à des obstacles; il se meurtrit la chair et l'âme : d'où la souffrance; mais quand il est parvenu à la connaissance, la douleur n'est plus nécessaire; elle ne l'est même jamais en principe, si l'on imagine un être bien doué, prudent, sage qui n'avance que pas à pas et qui prend toutes les précautions pour éviter toute souffrance, toute désillusion. Mais celui qui érige en système que la douleur est une règle de toute la vie et qu'on ne doit pas s'y soustraire, qu'au contraire on doit aller au devant d'un martyre constant, celui-là est un fou dangereux : il est la graine du fanatisme et le héraut des mutilations nécessaires.

De quoi est capable un être souffrant, un être qui recherche partout et toujours la douleur ? Semblable au lépreux, il n'a qu'une occupation : se gratter sans relâche.

Imaginez-vous ce que serait un monde de lépreux et de lépreux volontaires ? Le comble, c'est que ces mystiques s'imaginent, en s'affaiblissant ainsi, arriver à obtenir des pouvoirs ou des visions. Comme pouvoirs, ils ont celui de se dégrader ; comme visions, ils ont des cauchemars. Leurs *guides* invisibles leurs montrent toutes sortes de tableaux fascinateurs, leurs font voir les *âmes qui s'incarnent*, et quelles âmes ! Les pires de tous les êtres qui rôdent à la naissance et se disputent la possession du nouveau-né !

Tous ces délirants ne sont que les héritiers ou les imitateurs des Fakirs antiques et modernes, des martyrs volontaires de toutes les sectes. La mort ne venant pas assez vite, ils la devancent. Pauvres, pauvres gens !

Un mot sur la *prière*. Elle ne peut que s'adresser à des *personnalités*; or l'homme, émané de l'*Impersonnel*, est doué de toutes les facultés ; il a en lui et autour de lui tout ce qu'il peut désirer. Il n'a qu'à se servir de sa propre intelligence et de ses organes. Dès lors qu'il *prie* il offense l'Impersonnel ; c'est lui dire : votre œuvre est imparfaite, ou c'est lui demander une faveur et alors on veut qu'il fasse acte de partialité.

S'il demande justice, réparation, l'homme

seul, possédant les pouvoirs nécessaires, peut lui donner satisfaction.

Pour cela, il faut compter sur le temps et les efforts réunis des hommes de bien. La prière est-elle efficace ? Comme narcotique, peut-être ; mais elle ne réalise rien. Que si l'on invoque les guérisons obtenues par la *prière*, la *foi*, on sait très bien que c'est un mode auto-hypnotique ou suggestionnel qui, quel que soit le culte ou la croyance, procure ces résultats ; de même l'action magnétique dont l'effet est indépendant de la foi ou de la suggestion. Mais le *miracle* ne va pas jusqu'à faire pousser un membre amputé, pour le moment du moins.

Quant à l'inspiration, à l'intuition, aux pressentiments qui nous avertissent d'un danger ou nous poussent à une démarche, ce sont des facultés inhérentes à quelques individus et que les circonstances éveillent. La personne qui ne les possède pas à l'état latent aura beau *prier*, elle ne *sentira* rien.

On en a assez d'exemples. Je sais bien que malheureusement des entités invisibles, pouvant lire dans *l'aura* des sensitifs, interviennent quand on leur en fournit l'occasion et s'attribuent le mérite de certaines prophéties ou prévisions : c'est ce que les spirites appellent des *avertissements de l'Au-delà*.

Les *bons Esprits* en sont flattés et ils en profitent pour s'insinuer de plus en plus parmi nous jusqu'à ce qu'ils nous tiennent sous leur joug, en attendant qu'ils puissent nous mystifier à leur aise.

Quant au culte que nous pouvons rendre à l'Impersonnel, il consiste à développer en nous toutes nos facultés et à préparer le règne de la Justice.

Un occultiste de mes amis, dont je suis obligé, bien malgré moi, de taire le nom, m'a fait part de ses expériences et de ses recherches dans ces plans.

Voici ses conclusions.

« J'ai acquis, écrit-il, au prix de tortures intimes que j'ai subies, une conviction et une conviction inébranlable : c'est que tous les êtres dits « supérieurs » — que ce soit en spiritisme ou en occultisme — sont de vils bourreaux, quand ils ne sont pas des insulteurs. J'ai commencé en novembre 189... à entrer en relations avec eux ; c'était à la campagne, au milieu de ma famille. Vous dire l'habileté perfide de ces êtres, combien ils sont maîtres en insinuation, et la supériorité qu'ils ont acquise dans l'art de la parole mielleuse et captatrice, c'est chose impossible.

« Que ce fait soit suffisant et résume le tout. Dans une expérience qualifiée de magie et de manipulation de l'inconscient supérieur, j'enfermai ma famille dans un « cercle » tracé à mon insu, et je les rendis fous ; ce ne fut que par un tour de force, dont je ne me rends pas compte encore, et en passant instantanément sur le plan « naturel » que je parvins à les ramener à la conscience et à la santé. Voyant cet état de choses et le milieu empesté que ces êtres immondes avaient créé autour de nous, je ne trouvai qu'un moyen de salut : ce fut de déplacer le centre et de partir immédiatement pour X.

« Là, depuis onze mois que je les ai toutes les nuits à mon chevet, que je ne dors que d'un sommeil de cauchemar, j'ai subi journellement et sous le prétexte doré de la « seconde vue » et de la « clairvoyance », sans compter la « roue ignée » qu'ils me promettaient, toutes les ironies de l'ordure et toutes les ordures de l'ironie.

« Ma tâche s'arrête par inconscience ou par fatigue; eux, dans la torture de l'expérience dite magique, ont la joie sauvage de la vision de la souffrance et le raffinement immonde de l'insulte. Ils ont épié les moindres de mes tendances et de mes orientations dans l'existence ; ils se sont attaqués aux racines même de la vie en projetant des fluides sur ma moëlle épinière et à l'heure qu'il est, ils sont en partie maîtres de mon corps éthérique.

« Il est impossible de vous conter quelque chose de ma vie occulte — ce serait une vraie gazette — mais je considère de mon devoir et de mon devoir le plus sacré, de jeter un signal d'alarme.

« Je connais les travaux de magie ou même de haute magie qui ont paru dans le siècle ; mes propres études théosophiques me mettent à l'abri de toute exagération ou de toute partialité.

« Hé bien, je viens vous crier ceci — et au moment où je l'écris, j'ai la *joie* de les entendre, comme toujours, rageant autour de moi : — sortez de ce cercle maudit, rompez avec toute science, soit expérimentale, soit dogmatique, qui toucherait à l'*Au-delà*, et soyez plus que jamais persuadé de ceci, c'est que, possédant l'espace et la liberté, ils ont une puissance supérieure à la nôtre et qu'ils sont les pires et immondes ennemis de l'homme...

« Au lieu de suivre, par le procédé médianimique ou la voie de l'occulte, l'inspiration de ces êtres essentiellement perfides et égoïstes, suivez l'inspiration des grands sociologues du siècle dont Saint-Simon fut le si beau et si malheureux initiateur.

« La sociologie expérimentale ou dogmatique est la grande science des générations nouvelles...

« Méditez-les, et vous trouverez chez eux ce que ne vous donnera jamais cette communication médianimique si pauvre, si insidieuse, si dangereuse, je veux dire l'évocation des foules, une énergie, née de l'amour social, que vous ne soupçonnez pas et une ampleur de vue, où les problèmes viendront se résoudre comme d'eux-mêmes et qui vous donnera le *vrai* sens de l'existence.

« Toute science qui s'appuie sur l'*Au-delà* et tous ceux que j'ai connus ou de près ou de loin en sont les preuves indiscutables, est destinée à ruiner l'intelligence et à empoisonner la vie de l'imprudent qui s'y sera une fois aventuré...

« J'ai connu, mais au début seulement et encore plutôt grâce à mon effort acharné d'ascension qu'à leur complaisance, ces êtres *bons* dont vous parlez. Mais ceci ne fut qu'un faible rayon de lumière dans ma lutte et mon cauchemar constant.

« Ceux-ci se prétendirent, s'il vous plaît, des *anges de lumière*, et quant aux *anges de ténèbres*, ils étaient chargés de me faire subir mes *épreuves* préliminaires obligées de la magie.

« Parlons un peu de ces fameux « anges de lumière ».

« Depuis plus d'un an, je suis assiégé jour et nuit par eux. Ils sont sensés diriger et guider la construction de mon « macrocosme », se prétendent les rois de l'Astral et me promettent toujours pour une époque très rapprochée une délivrance et une résurrection éblouissante qui, bien entendu, ne vient pas.

« Ils génèrent en moi, surtout la nuit, des fluides puissants et ils s'en servent pour une œuvre de « haine », uniquement de haine, puisque les personnes sur qui ils vont opérer, à mon su et vu, sont dans un bref délai décom posées et émaciées, et ceci d'une façon surprenante, sur le plan jivique.

« Toutes ces manipulations sont censées avoir comme but : « la purification — et ils s'en servent de ce mot-là ! — de mon « microcosme » et le développement, le « rougissement » de ma « glande pinéale », organe de la clairvoyance et de la lecture dans la lumière astrale.

« Je ne puis guère vous conter les épreuves terribles auxquelles je suis soumis; ma mémoire très affaiblie s'y refuserait, et du reste il me faudrait un immense volume si je voulais les prendre jour par jour. Plus tard je me ressaisirai, et la réponse la plus ironique que je puisse leur faire, ce sera de faire contribuer ces faits absolument uniques et étranges de leur haine à une œuvre d'*esthétique* et de *combat*.

« Si je n'avais pas reçu de la nature une rare faculté d'analyse, je serais bientôt leur proie et leur victime absolue. Je fais une rencontre, je vois dans le cours de mon existence une physionomie ou un mouvement, j'éprouve, après un assaut de plusieurs jours — assaut composé d'insultes et d'ordures — un apaisement qui ressemble à de la joie ; ils sont toujours là pour tirer à eux le fait, si infime soit-il, pour l'interpréter et m'insinuer, comme de très forts serpents qu'ils sont, que ce sont eux qui ont tout mené et dirigé...

« Méfiez-vous, oh ! méfiez-vous surtout de la

comédie de *l'amour* et du *mensonge* de la paix !
C'est là le grand piège. Ils sont passés maîtres dans l'art de suggérer, d'influer légèrement dans le sens de la paix et de l'amour, ce qui vient naturellement se « refléter » sur les épreuves et les prétendues révélations intérieures et leur donne, à s'y méprendre, l'air de la *justification* et de la *vérité*. Encore une fois, c'est là le grand piège, et si j'y insiste, c'est que je l'ai vu et surpris dans les moindres séances de spiritisme. Puis tout être, quel qu'il soit, finit par s'attacher à ses propres douleurs, à ses efforts, et alors voyez ici le danger immense ! C'est qu'on s'entoure à la longue d'un cercle « magique » qui vous tient et vous enserre par le cœur et le « charme » si trompeur de la réminiscence — et dès lors on n'agit plus, « on est agi ».

« Luttons contre le mensonge et l'enveloppement de ces « invisibles » chefs-d'œuvre de perfidie pour une œuvre de haine. Soyons simples et oublions tout ce qui se décore du nom d' « occulte » et de « spirite ». Ecoutons la voix de Dieu qui est amour et qui se révèle dans la nature, celle que l'homme n'a pas dégradée, et je crois que nous y retrouverons la santé et la consolation ».

Les *scientistes* matérialistes verront dans cet état une *auto-suggestion* ou une hallucination, c'est-à-dire de subjectivisme pur, en quoi ils auront tort. Quelle que soit l'opinion qu'on ait sur ce cas et autres analogues, on ne peut qu'être frappé de ce fait : c'est que les pratiques médianimiques ou magiques entraînent à la perte progressive de l'individualité. Il faut être *maître* pour se permettre de franchir ces plans dénommés astral, mental, spirituel ; il faut savoir de science certaine, où l'on va, ce qu'on veut et ce qui est bon. Ceux qui peuvent le faire sans danger et avec succès sont extrêmement rares sur la terre et sûrement ils sont inconnus des occultistes européens. Aussi ne puis-je m'empêcher de sourire, quand je lis certaines expériences de magie où l'auteur affecte un sérieux et une sssurance qui tromperaient un profane ; mais je ne puis retenir mon indignation en présence des maux sans nombre que ces pratiques déchaînent dans la foule.

Oh ! les malheureux magiciens, blancs et noirs, goètes ou nécromans ! Car ils font une classification. La magie blanche, c'est le bien, la magie noire, c'est le mal. Où est le bien ! Quand tous ces faux mages viennent nous dire que la mort est un bienfait, qu'ils soient blancs ou noirs, ne profèrent-ils pas une erreur dangereuse ?

Quand ils viennent nous parler des anges de lumière, du plan spirituel ou divin que nous devons gagner à force de patience et d'épreuves, ne nous tiennent-ils pas le même langage que tous ces *Esprits* inférieurs ? Supérieurs et inférieurs, ils diffèrent par les procédés, par l'intelligence, par le milieu, mais ils sont tous marqués du même signe : la *faux* est leur emblème; la mort, leur but.

Les occultistes *qui savent* ne vont pas se promener dans les *champs de l'Infini* pour satisfaire une vaine curiosité ou dans le but de faire parade de leurs recherches ou encore dans le but de fonder des écoles ou des églises dont ils deviendront les chefs. Leur but est tout autre : ils sont comme les chasseurs, ils poursuivent ce gibier malfaisant que les spirites et autres succédanés du spiritisme entretiennent à leurs dépens et aux dépens de la pauvre humanité.

Les *bons* anges, bien rares, qu'ils peuvent rencontrer leur servent d'indicateurs : mais ils s'y fient tout juste comme on doit se fier à des étrangers amis en pays ennemi. Ils les surveillent et les maintiennent dans l'obéissance.

Comment se fait-il que les occultistes occidentaux et les spirites se jalousent et se querellent à propos de tout et de rien ? On peut se demander aussi comment il se fait que les *Esprits* se tirent les uns sur les autres ?

Et cependant ils suivent la même voie, ils ont le même but. Comment se fait-il encore que les confessionnels de tous les cultes vivent en mauvaise intelligence ? Qu'il y ait entre eux des divergences de vues et d'opinions sur les détails, sur la manière d'adorer leurs dieux et de leur rendre hommage, je le comprends; mais qu'ils se fassent une guerre acharnée, c'est ce que je ne comprends plus. Voyons,

Messieurs les pseudo-occultistes, spirites, chrétiens, musulmans, boudhistes, etc., etc., entendez-vous une bonne fois. Vous voulez tous gagner les champs de l'Infini, ce paradis ou ce ciel, objet de vos désirs les plus ardents; vous êtes tous d'accord pour mépriser cette terre que vous n'aspirez qu'à quitter tantôt vite, tantôt lentement, mais sûrement; dès lors, je vous en supplie, cessez de vous persécuter et de vous haïr. Il y a plusieurs demeures dans le royaume céleste, dites-vous. Ah voilà ! chacun de vous veut avoir son coin. Et le sacrifice, ce sacrifice de vous-mêmes, qu'en faites-vous ? Allons, vous n'êtes que des égoïstes. Mais vous êtes tous des morticoles.

Je vous ai vus à l'œuvre, tous; je connais votre fort et votre faible. Votre fort, c'est l'affirmation mille fois réitérée de la récompense ultra-vitale, affirmation que vous n'étayez que sur des textes tronqués ou des expériences trompeuses; votre faible c'est votre argumentation.

Oh ! je sais que parmi les confessionnels, il se rencontre des hommes de haute envergure, d'une charité à toute épreuve, et c'est ce qui a maintenu en partie le respect qu'on conserve encore pour des religions dont ils sont les dignes représentants.

Mais ce n'est pas *parce qu'ils* appartiennent à tel ou tel culte qu'on les respecte, c'est parce qu'ils sont dignes de respect, et ce respect re-
sur le culte lui-même.

Oh ! je sais aussi que parmi les spirites et les occultistes, partout enfin, il y a de bons pères, de bons époux, de bons citoyens et ils sont même très nombreux ; mais je sais qu'ils se trompent, qu'ils trompent tout leur entourage.

Récompense ! N'est-elle pas dans la conscience satisfaite ?

Mais l'honnête homme qui a souffert pour la justice et la vérité ne doit pas mourir sans espérance ! Cela révolte tout notre être.

D'accord. Il ne doit pas mourir et il ne meurt pas en effet.

Moi, je le fais vivre, c'est vous qui le tuez. Vous le précipitez dans un monde qui n'est pas fait pour lui, où tout lui est étranger, où il ne trouvera, quoi que vous en disiez, rien de ce qui fait sa joie et son amour ; la terre est sa demeure naturelle qu'il a cultivée, embellie et peuplée, c'est sur la terre que je veux le maintenir, et malgré la transition qu'il est obligé de subir jusqu'à ce que les conditions de la vie changent, il attendra, dans son sommeil paisible, le jour de la résurrection.

Les chrétiens, les musulmans, les juifs, etc., se contentent de l'envoyer au ciel ou... en enfer ; mais ils ne cherchent pas à le troubler, à éveiller en lui des souvenirs douloureux en le ramenant sur la terre.

Les Occulto-spirites veulent le martyriser, tout en croyant, les pauvres, lui être très agréables.

Ils l'appellent (en vain heureusement) pourquoi faire ?

Pour qu'il leur raconte ce qui se passe dans l'au-delà (le bon billet!) pour qu'il leur donne des conseils ou pour lui en donner, pour le consoler ou pour être consolés.

De deux choses l'une : ou il est heureux ou il ne l'est pas. S'il l'est, de quel droit le troublez-vous? S'il ne l'est pas, vous êtes mille fois coupables en avivant sa douleur.

Ce n'est pas lui qui demande à revenir, c'est vous qui l'appelez.

Je sais bien que vous me raconterez toutes sortes de sornettes, savoir que l'*Esprit* manifeste sa joie de revoir les siens, de converser avec eux.

Est-il possible d'imaginer qu'un être, dépouillé de son corps, qui ne peut vivre de notre vie, qui peut voir souvent des choses choquantes, des scènes pénibles et des désordres parmi les siens, qui ne peut participer effectivement à nos joies comme à nos douleurs, qui en est le témoin muet et impuissant, puisse reparaître avec plaisir, même accidentellement, parmi nous?

Ce serait un supplice affreux.

Que les grands maîtres de l'occultisme pratiquent cette évocation, je n'en disconviens pas; mais ils le font en connaissance de cause et pour un but sacré.

En tous cas, l'évocation est extrêmement rare, tout en étant extrêmement difficile.

XI

Tous les morticoles peuvent être divisés en deux catégories : les occulto-spirito-religioso-scientifiques ou dogmatiques et les néantistes. Les premiers mutilent l'homme et livrent ses restes à un autre monde où ces restes, en bon ou mauvais état, continuent à vivre d'une vie qu'ils nous dépeignent sous les couleurs les plus variées ; les seconds l'anéantissent tout simplement.

C'est tout ce que la science et la religion ont pu trouver de mieux. Ce n'est ni rassurant ni satisfaisant. Les premiers ont compris que la foi pure et simple était insuffisante; ils ont expérimenté avec l'âme humaine dans son *enveloppe charnelle* et ont découvert qu'elle pouvait vivre séparée de ladite enveloppe; comment ? C'est ce qu'ils vous enseignent à grands renforts d'in-octavo.

Mais ce qu'ils ne vous enseignent pas, c'est la manière d'y aller voir d'une façon certaine et positive.

Les seconds se sont dit que, pour y aller voir, c'était bien se risquer et... ils préfèrent se contenter de regarder le cadavre. Eh bien, franchement, j'aime mieux ces derniers. Ils nient, c'est vrai, ils ne savent pas voir; mais j'espère qu'ils arriveront avec de la bonne volonté. Eux, du moins, ils se cramponnent à la terre, ils ne voient qu'elle; ils sont myopes, aveugles peut être; mais ils marchent sur un terrain solide ; ils ne vont pas vite, ils se traînent péniblement, mais ils marchent, ils avancent un peu : les expériences psycho-physiologiques et d'hypnose prouvent qu'ils se préoccupent de *l'âme* à laquelle ils donnent un autre nom ou plusieurs noms, qui correspondent aux états variés qu'ils ont observés. Ils finiront, je l'espère, par soulever un coin du voile, et ce qu'ils montreront sera non un mirage, mais une réalité. Ils ne s'entendent pas tous sur l'interprétation du mécanisme physiologique; il y a des nuances, mais le fond demeure ferme. Le corps physique, charnel, matériel, lourd, grossier est, pour eux, la seule réalité visible, tangible, et ils partent de ce fait pour étudier les forces dont ce corps, laboratoire admirable, est le réceptacle. Persisteront-ils longtemps à ne voir que des forces et n'aborderont-ils pas l'idée? Les faits et les lois seront-ils toujours isolés du principe ?

L'homme, ce mécanisme, ingénieux et parfait, que l'homme n'a pas formé de lui-même et dont il n'a pas conscience ne dérive-t-il pas d'une cause, d'un principe intelligent?

Pas d'effet sans cause; mais aussi pas de

cause sans effet. Si l'homme est une cause intelligente, s'il est cause de lui-même, il doit se connaître ; or, il s'ignore ; s'il est un effet, la cause est ailleurs ; s'il est à la fois cause et effet, il n'y a plus d'intelligence, puisqu'il n'y a pas de conscience; or l'homme est un mécanisme où se révèle une puissance intelligente. De là, le matérialiste néantiste sera amené à formuler la cause, à la définir, à la rechercher tout au moins. Il regardera autour de lui, dans le ciel, dans les astres ; il n'y verra rien autre que des mécanismes ingénieux ; il regardera peut-être enfin en lui-même et il y découvrira une intelligence ; il faudra bien qu'il en cherche l'origine. L'hérédité ? Mais il faudra qu'il s'arrête à ses premiers parents.

L'œuf a-t-il précédé la poule, la poule a-t-elle précédé l'œuf ?

L'intelligence, cette faculté qui s'est développée, depuis le protozoaire jusqu'à l'homme, d'où vient-elle ? Le moins ne peut produire le plus.

Or le protozoaire n'a qu'une intelligence de... protozoaire, et l'homme une intelligence d'homme. C'est la matière qui a développé les organes, c'est la matière qui a développé l'intelligence dit-on. Et cette matière, comment se développe-t-elle ? Elle contient toutes les potentialités et ces potentialités se manifestent au fur et à mesure de la croissance ou des séries. Donc l'intelligence est incluse dans la matière, ou plutôt la matière est intelligente.

D'accord; *mais*... cette matière n'est pas uniformément intelligente ou intellectualisée. Il y a donc des degrés et des densités variées. Ces degrés et densités variées ont été obtenus par l'intelligence qui tend toujours à l'expansion, répond-on.

Mais on confondrait ainsi principe ou principiation avec commencement, et de plus on se trouverait en présence d'un mystère, je dirais presque d'un miracle. Car c'est une chose incompréhensible que la matérialité la plus dense puisse passer à un autre degré de son propre mouvement; il faut plutôt admettre *qu'en principe* tous les degrés de densité existent à la fois; le solide n'a pas engendré le liquide, le liquide le gazeux, etc., la terre n'a pas engendré le soleil, le protozoaire n'a pas engendré l'homme; mais tous les êtres, toutes les densités ont leurs séries, leurs espèces et leurs degrés dans la matérialité éternelle; cette matérialité *graduée* en intelligence et en vitalité a toujours été telle dans ses degrés variés. La lumière a toujours été et sera toujours; la terre et les mondes ont toujours été et seront toujours; l'homme a toujours été et sera toujours en puissance ou en acte.

La transformation et les changements ne sont qu'extrinsèques; des espèces, des races, des familles, des individus disparaissent en tant qu'espèces, races, familles, individus; mais le type d'une série persiste toujours.

La métamorphose, la transformation d'une

espèce en une autre, n'existe pas. Ce serait l'anarchie, l'incohérence, l'illogisme. La nature ne peut former un être pour le transformer en un autre, pas plus qu'elle ne le forme pour avoir le plaisir de le détruire. J'ai parlé des causes de destruction, je n'y reviendrai pas.

On m'objectera peut-être que cette métamorphose existe chez les insectes, les batraciens, les myriapodes, les crustacés, les annélides, les mollusques et chez quelques poissons. A ceci je répondrai, comme on l'a déja fait du reste, que la larve, la nymphe, l'animal parfait ne sont qu'un même être, au même titre que l'embryon, le fœtus et le germe des mammifères. Au lieu de se développer dans l'organisme maternel, l'être se développe au dehors.

Quant à la prétention de quelques savants qui veulent voir dans l'anthropoïde un ancêtre de l'homme, on va juger de sa valeur.

« Le gorille, écrit Jacolliot, est de tous les quadrumanes anthropoïdes celui dont la structure anatomique se rapproche le plus de celle de l'homme. Il n'en faudrait pas conclure, même en admettant la théorie de Darwin, que le gorille soit l'ancêtre de l'homme. Cette opinion soutenue par quelques anthropologistes n'est qu'une hypothèse qui n'a rien de scientifique... Si nous avions une comparaison à faire entre le gorille et l'homme, nous verrions que ces deux êtres sont à une si énorme distance qu'il faudrait plusieurs séries d'individus intermédiaires pour pouvoir les relier entre eux, et ces séries d'animaux, avançant d'un ou de plusieurs degrés dans la perfection anatomique et physiologique ne se rencontrent nulle part, ni parmi les fossiles dont la science reconstitue aujourd'hui les formes disparues, ni parmi la foule d'êtres actuellement existants.

« On nous répond que ces séries de formes vivantes plus perfectionnées ont disparu, que les plus parfaites parmi les primates-singes sont arrivées à la dignité humaine par la conquête de la parole et que les autres trop faibles, dans cette lutte pour la vie, ont été atteintes par métamorphose régressive ».

Quelques transformistes qui tiennent absolument à nous faire descendre du singe ont recours aux arguments qu'on va lire. Hœckel écrit ici : « Rien n'a dû ennoblir et transformer les facultés du cerveau de l'homme, autant que l'acquisition du langage. La différenciation plus complète du cerveau, son perfectionnement et celui de ses plus nobles fonctions, c'est-à-dire des facultés intellectuelles, marchèrent de pair, et en s'influençant réciproquement, avec leur manifestation parlée. C'est donc à bon droit que les représentants les plus distingués de la philologie comparée, considèrent le langage humain comme le pas décisif qu'ait fait l'homme pour se séparer de ses *ancêtres.*

C'est un point que Schleicher a mis en relief dans son travail sur l'importance du langage dans l'histoire naturelle de l'homme. Là se trouve le trait d'union de la zoologie et de la philologie comparée; la doctrine de l'évolution met chacune de ses sciences en état de suivre pas à pas l'origine du langage... Il n'y avait point encore chez l'homme-singe de vrai langage articulé exprimant des idées ».

« L'homme n'est homme que par le langage, répond ironiquement Jacolliot; or, nos premiers pères ne parlaient pas; donc nos premiers pères furent les gorilles, chimpanzés, etc.

Quand on demande à ces évolutionnistes de nous montrer quelques gorilles en train d'acquérir le langage articulé, ils répondent : il n'y en a plus. — Comment ? — Ils ont été *moins favorisés par les circonstances.*

« La doctrine des *transformations progressives et des métamorphoses régressives*, continue Jacolliot, par laquelle l'animal *sous l'influence des conditions heureuses* arrive à la dignité d'homme, et quand il est sous l'empire des conditions défavorables, échoue dans son développement et retourne de plusieurs degrés en arrière, n'est autre que la doctrine de la métempsychose ou transformation progressive et régressive, qui prend l'embryon vital dans la goutte d'eau, dans la plante, lui fait parcourir toute l'échelle des êtres jusqu'à l'homme et le fait redescendre ainsi dans des degrés inférieurs, lorsqu'il ne parvient pas à s'assimiler ou à conquérir les facultés nécessaires à une existence plus élevée.

« A une époque où cette science n'existait ni en dehors du temple, ni en dehors du prêtre, la doctrine sur les transmissions vitales avait été mise sous l'égide de l'idée religieuse comme les règles d'hygiène, comme les lois civiles et criminelles, comme tout ce qui constituait la vie sociale de l'époque; mais peu nous importe que le savant ancien prêche dans le temple, que le savant moderne enseigne, dans le livre, la doctrine des transformations progressives et régressives, nous ne nous laisserons pas prendre à ce rajeunissement des vieilles choses et des vieux mots que les cerveaux allemands excellent à déguiser sous des formules nouvelles, et quand ils auront la prétention, comme en l'état, de faire servir leurs rêveries à la constitution d'une science aussi exacte que doit l'être l'histoire naturelle, nous les prierons de nous fournir des preuves plus scientifiques que le présent n'en a encore trouvées...

« Tant qu'un fait positif ne viendra pas démontrer d'une manière irréfragable la possibilité de cette transformation, nous la tiendrons comme non existante, et à la doctrine du transformisme nous préférons la doctrine de la fixité des espèces, sans aucune théorie absolue fermant la porte à l'avenir, et en tenant compte de l'hybridation, du polymorphisme, de l'influence des milieux, de l'intervention de l'homme et de la domestication.

« Le polymorphisme normal ou variations de

certaines formes n'implique point la mutabilité, l'espèce varie naturellement, mais elle ne se transforme pas. L'influence des milieux implique le maintien des espèces autant par leur flexibilité relative et l'adaptation en certaines limites aux conditions d'existence que par leur impuissance à se transformer et à vivre dans des milieux différents.

« L'action de l'homme sur les animaux, variée, continue, profonde, s'arrête aux appareils de la vie extérieure, elle n'a jamais effacé les traits distinctifs des types !

« Les lois de la constitution des races, de l'hérédité, de la procréation, concourent à la fois à établir l'unité et la solidarité spécifique.

« La durée des races est conditionnelle et souvent éphémère, et le retour au type des ancêtres s'accomplit dès que cessent les influences des phénomènes qui leur ont donné naissance.

« L'hérédité crée entre les descendances des liens puissants qui assurent et maintiennent la constance de chaque type. Mais la plus haute expression de l'unité dans l'espèce est la génération qui marque et mesure l'intervalle entre les types distincts ; on n'a jamais vu et on ne voit point les espèces se mêler, se croiser indistinctement entr'elles, on ne connaît point de suites intermédiaires indéfiniment fécondes ; autant les espèces sont séparées et les types intermédiaires réalisables, autant sont faciles

13.

et productives les unions entre individus faisant partie du même groupe spécifique ».

Au reste, en supposant qu'on retrouve l'*ancêtre* immédiat de l'homme (*évoluant*), le *pithécanthrope*, cela n'infirmerait nullement la thèse que soutient Jacolliot, pour les raisons mêmes qu'il développe.

Ne confondons pas évolution avec progrès, transformation avec modification. Les êtres évoluent dans leurs milieux, ils progressent individuellement et collectivement ; les êtres et les milieux, sous l'aspir de l'Intelligence universelle, transforment leurs sensations, leurs sentiments, leurs pensées ; cette transformation amène une modification dans les organes, mais la transformation au métamorphose radicale, *per se* c'est-à-dire le changement de nature n'existe pas. Ce ne serait pas un progrès, un accroissement d'intelligence et de puissance, mais un recommencement ou un arrêt.

La terre ne devient pas un soleil, l'animal un homme ; la cellule osseuse ne devient pas une cellule musculaire, celle-ci une cellule nerveuse, pas plus que le minéral ne devient un végétal et le végétal un animal. Inversement, un soleil ne devient pas une planète, un homme un animal, etc.

Chaque être, chaque espèce et chaque règne se perfectionne dans sa propre sphère sous l'influx cosmique. Mais l'être le plus haut placé de l'échelle dans chaque règne contient toute la gamme des règnes précédents, dans l'ordre chromatique.

C'est ainsi qu'on trouve dans le végétal les minéraux et les combinaisons chimiques, dans l'homme toutes les combinaisons précédentes qu'on peut décomposer et réduire.

Quand l'homme subit la transition, il subit un arrêt, non dans le sens de mouvement, rien n'est immobile, mais dans le sens de progrès.

Quand l'équilibre sera rétabli, quand l'homme aura ravivé en lui la lumière intellectuelle dont le soleil est le centre radieux, il maintiendra sa forme dans son intégrité et dans tous ses degrés, parcequ'il verra clairement en lui et autour de lui et pourra ainsi s'équilibrer avec son entourage.

Il me semble que c'est vers cette solution que doit s'acheminer le matérialiste. Et alors le problème que l'humanité cherche à résoudre depuis sa formation archibiosique(1), cesse d'être un problème. Que ce soit l'intelligence cosmique qui s'infuse graduellement dans la matérialité, que ce soit la matérialité intelligente qui se développe, peu importe : un fait est certain : l'homme tend à la conservation de son individualité, de sa forme intégrale. Peut-il parvenir à la perpétuer ? Toutes les possi-

---

(1) *Archibiosis* (l'homme évolutionnaire opposé à l'*Involué*).

bilités sont réalisables ; tout ce qui est concevable logiquement existe en puissance.

XII

Quelle est la cause de la mort physiologique, d'une manière générale ? C'est l'asphyxie : l'homme cesse de recevoir en quantité suffisante l'air pur qui lui est nécessaire et qui renouvelle constamment la vitalité.

Ce sont des corps étrangers qui s'introduisent dans l'organisme. « Certaines cellules-germes, telles que la levure, se développent et multiplient dans l'air ; lorsqu'elles en sont dépourvues, elles s'adaptent à la vie sans air et deviennent des ferments, absorbant l'oxygène des substances qui viennent en contact avec elles et détruisant ainsi ces dernières(1) ».

De plus, les canaux, les vaisseaux et les artères se couvrent d'un sédiment qui fait obstacle à la libre circulation de l'air ; c'est l'air qu'il faut purifier, et en attendant, on peut prolonger l'existence dans des proportions considérables en débarrassant les organes des secrétions ou sédiments qui en paralysent le fonctionnement.

---

(1) M. Soury (Hylozoïsme).

Il va sans dire que, la vitalité se renouvelant dans toute sa force et sa pureté, l'homme ne doit plus connaître la décrépitude ni la vieillesse.

« Le corps est formé par une circulation perpétuelle de molécules ; c'est une flamme incessamment consumée et renouvelée (1) ».

On sait que la matière telle que les os, muscles, nerfs, ne s'use pas ; c'est simplement la vitalité qui manque. La question qui se pose est donc bien simple : faciliter l'évacuation des déchets organiques, annihiler l'action des germes destructifs de la vitalité humaine, en un mot rétablir l'équilibre.

A ce sujet, je crois intéressant de rappeler ce qu'a écrit le D' Kinnear dans le *Moniteur de l'électro-homœopathie*.

« Des expériences et des investigations anatomiques ont démontré que les caractéristiques principales de l'âge avancé consistent en quelques dépôts dans l'organisme humain de matière terreuse, d'une nature gélatineuse et fibrineuse.

« Le carbonate et le phosphate de chaux mêlés à d'autres sels de nature calcaire ont été trouvés aptes à fournir la plus grande partie de ces dépôts terreux.

« L'observation nous a fait voir que l'homme

---

(1) C. Flammarion.

commence par une condition osseuse (tendre dans l'enfance, osseuse dans la vieillesse).

« Par un changement graduel, pendant la longue période des années, l'ossification avance; mais après que l'âge moyen est passé, un développement plus marqué de caractère ossifique a lieu.

« Il va sans dire que ces dépôts terreux, qui affectent tous les organes physiques, interviennent dans leurs fonctions; l'ossification partielle du cœur produit la circulation imparfaite du sang qui afflige les vieillards.

« Lorsque les artères sont encombrées de matières calcaires, il y a complication de circulation, par conséquent une nutrition défectueuse et insuffisante. Sans nutrition, le corps ne peut réparer ses pertes. Ces inconvénients ne se vérifient pas pendant la jeunesse. La réparation du système physique, comme tout le monde le sait, dépend d'une parfaite compensation balancée.

« En effet, le changement total ne consiste qu'en une lente et constante accumulation de dépôts calcaires dans l'organisme. Quand ces dépôts deviennent excessifs et résistent à l'expulsion, ils causent la rigidité et l'émaciation propres à la vieillesse; la suspension entière des fonctions du corps est alors une simple question de temps. La matière nuisible que le sang dépose, lors de son passage continuel, dans les différentes parties de l'organisme arrête le mécanisme délicat et surprenant que nous appelons la vie. Voici la mort.

« Il a été trouvé, au moyen de l'analyse, que le sang humain contient des composés de chaux, de magnésie et de fer.

« Dans le sang il y a donc des sels terreux. Durant la jeunesse, ces sels sont expulsés; mais pendant l'âge mûr, l'homme ne peut plus faire cela; il en dérive donc que, comme le sang est produit par l'assimilation de la nourriture que nous préférons, nous devons prendre garde à ce que nous mangeons et buvons, c'est-à-dire choisir des aliments et des boissons qui ne produisent pas des accumulations terreuses qui, avec le temps, peuvent endommager l'organisme et avancer la vieillesse.

« La méthode pour prolonger la durée de la vie humaine était connue dans l'Inde par les Munis, les Rishis et les Yoguis.

« Elle consistait dans l'abstinence et dans la régularisation de la respiration.

« Les fruits étaient leur principale nourriture et ils ne buvaient que de l'eau pure de fontaine ».

— « Les maladies ont toutes une cause unique, c'est la diminution dans l'être du potentiel des échanges; le déséquilibre amène l'état morbide... Le déséquilibre est donc causé par la diminution de ce potentiel et ce potentiel est affaibli par l'envahissement de corps étrangers qui se nourrissent aux dépens de la vie organique.

« La médecine officielle aide plutot le mal à évoluer normalement.

« Il ne peut y avoir d'intervention sérieuse que par l'adjonction du vitalisme aux agents vitaux existants.

« Et ce n'est ni la nourriture ni les drogues qui auront la puissance nécessaire à l'augmentation de ce vitalisme, parce qu'elles ne sont pas productrices de ce fluide vital qui n'appartient qu'aux éléments consécutifs du potentiel vital.

« La maladie est unique, qu'elle frappe un ou plusieurs organes, sa cause est tout entière dans le déséquilibre de la vitalité (1) ».

Il n'y a pas de limite à la prolongation de la vie physique. Il suffit de savoir entretenir le mécanisme que malheureusement l'homme détraque de toutes les façons, sous prétexte de varier ses plaisirs, plaisirs factices et morbides, qui se transforment vite en douleurs cuisantes.

Mais hâtons-nous de rassurer ceux qu'effraierait la perspective de vivre éternellement avec ou sans leur enveloppe charnelle : on ne les rendra pas immortels malgré eux.

Les occulto-spirites qui voient l'immortalité possible seulement pour les parties supérieures de l'homme, c'est-à-dire la matière radiante dont elles sont constituées, n'ont pas réfléchi

---

(1) Dr Dumas.

un instant sur ce point : c'est que toute matière quelle qu'elle soit, solide, liquide, gazeuse, radiante, peut-être désagrégée, dissoute; que ce soit le périsprit ou le corps astral, ces enveloppes sont sujettes comme le corps dit charnel à la décomposition.

Il est vrai que les spirites spiritisants n'admettent pas ce fait; pour eux, il y a une matière, d'une nature spéciale, qui ne peut perdre la forme. Ils ne la définissent, ils croient simplement. Laissons les croyants. Les occultistes astralisants le comprennent mieux, c'est pourquoi il nous faut mourir plusieurs fois : *l'esprit pur*, pour eux, est seul incorruptible; mais ils se gardent bien de nous le définir d'une manière scientifique. L'esprit pur ne peut avoir de forme et par suite être une individualité; pour devenir une individualité, cet esprit pur doit prendre forme, c'est-à-dire s'envelopper de matière à tous les degrés; plus il a de degrés, plus l'être est parfait. Plus un instrument a de cordes, plus il est parfait. Esprit, vie, matière constitue le Cosmos; on ne peu, séparer aucun de ces éléments si ce n'est abstraitement et pour les besoins de l'analyse. C'est l'impersonnel qui devient personnel; c'est le *sans-forme* qui devient forme, c'est le diffus qui se fait centre dans la planète, dans l'homme. C'est, comme dit le catholicisme, *Dieu qui se fait chair*. Quand les éléments qui composent la forme se dispersent, l'homme retourne dans le *sein de Dieu*; la vitalité, l'intelligence, les molécules matérielles retournent à la vitalité, à l'intelligence, à la matérialité cosmique. Il cesse d'être une individualité. N'est-ce pas aller contre la loi divine et naturelle que de vouloir détruire, défaire, décomposer un centre de vie et d'intelligence?

N'est-ce pas la déraison suprême? Le concevoir seulement, n'est-ce pas une abomination?

Les occulto-spirito-religioso-scientifiques ou dogmatiques ressemblent à ce brave homme qui se fait amputer successivement tous ses membres, parce qu'ils le font souffrir et qui ne garde que le tronc et la tête, puis ressentant ensuite de la douleur dans ce qui lui reste, prie un ami de l'en débarrasser. Il ne lui vient pas à l'idée qu'il peut guérir ses maux et réparer ses organes. La matière solide est un fardeau; passons à l'état liquide; mais cet état est encore gênant; poussons jusqu'aux gaz; on s'aperçoit ensuite que ces gaz ne sont pas suffisamment expansifs; allons à l'état radiant, etc. Comment Dieu a-t-il pu faire les choses aussi mal, ou, comment l'homme a-t-il pu s'éloigner ainsi du *centre divin*; centre divin! Comme s'il y avait un centre divin, comme si on pouvait localiser l'Intelligence Cosmique!

Je trouve admirable cette définition de Dieu par Pascal : c'est un cercle dont le centre est partout et la circonférence nulle part. Mais je rectifie en disant : *ses centres*, homme, planète, soleil, etc., sont partout et il n'y a pas de limite à leur développement et à leur expansion. Il n'y a rien d'inutile dans le Cosmos ; il n'y a rien de trop, rien de moins ; il s'agit seulement de mettre les choses à leur place en les utilisant conformément à leur nature.

Le premier devoir de l'homme est d'obéir à la Loi et cette Loi, bien douce, rationnelle, juste, exige qu'il ne défigure pas l'œuvre du divin Formateur, en se mutilant, mais au contraire qu'il maintienne et qu'il conserve en la développant sans cesse son individualité dans tous ses états.

Une objection peut-être faite et je l'ai déjà entendue. Si vous conservez à perpétuité toutes les formations, les formations humaines seulement, il arrivera un moment où la terre ne pourra plus contenir tous ses habitants. Je réponds simplement : l'homme est le maître d'arrêter, quand il lui plaît, un accroissement qui lui paraîtrait excessif ; puis il y a la sélection naturelle : le plus fort survit, les faibles succombent ; je ne fais pas allusion à la guerre ni aux fléaux ; je parle seulement de l'énergie intellectuelle et vitale et de l'organisme. Du reste, quand l'homme restitué comprendra la loi et sa mission, une semblable éventualité ne sera pas à craindre. Quand le mariage cessera d'être une affaire commerciale, quand on prendra autant de soins pour l'espèce humaine que pour la race chevaline, les choses changeront d'aspect.

Autre objection : la terre finira par s'épuiser,

l'atmosphère disparaîtra et alors ce sera la fin. Qu'en sait-on ? Encore et toujours la mort !

La terre, centre de force et de vie, est inépuisable, parcequ'elle puise continuellement dans la Vie universelle.

La terre, comme l'homme, comme tous les êtres, tend à la conservation et au développement. Elle cherche l'équilibre, et quand elle l'aura trouvé, on n'assistera plus à ces bouleversements dans les éléments ; de même, quand l'homme aura retrouvé son propre équilibre, il n'aura plus à craindre les fléaux moraux et physiques qui font de la vie terrestre actuelle un enfer. Qu'il combatte donc, qu'il lutte sans trêve ni repos, c'est son droit, son devoir et son intérêt, et il retrouvera son paradis perdu.

XIII

« *L'homme est un ange déchu qui se souvient des cieux.* »
« *Philosopher, c'est apprendre à mourir.* »
« *La crainte du Seigneur et le commencement de la sagesse.* »
« *La vie est un songe, la mort est le réveil.* »

Tous ces aphorismes qui hantent l'imagination de l'homme, ont imprimé dans son cerveau une marque indélébile, que les générations de demain auront le devoir d'effacer ou plutôt de rectifier.

L'homme actuel n'est pas un ange déchu, mais l'homme déchu ; il ne se souvient pas des cieux, mais de la terre paradisiaque ; philosopher, c'est apprendre à vivre, non à mourir ; ce n'est pas la crainte, mais l'amour du Seigneur, de celui qui a fait l'homme à sa ressemblance, qui est le commencement de la sagesse. La vie, telle que le penseur l'entrevoit, la vie restituée, n'est pas un songe, mais une réalité ; la mort n'est pas un réveil, mais un sommeil, un arrêt ou une déchéance.

Le Dieu cosmique qui est amour, intelligence, vie, n'a pas formé pour déformer ; il n'a pas placé l'homme sur la terre, pour l'en retirer ; il n'a pas mis dans son cœur et dans son intelligence instinctive ou libre, le désir de renoncer à la vie terrestre, à l'amour des siens ; ces désirs ou pensées sont factices, anti-naturelles, anti-humaines. Le père de famille élève son enfant, non pour le livrer au Moloch, mais pour lui assurer sur cette terre, la place la plus large, la plus libre et la plus heureuse possible. S'il se résigne à la mort, s'il l'accepte, c'est qu'il ne peut faire autrement ; mais il proteste toujours dans son for intérieur. Qu'on lui montre qu'il peut et qu'il doit vivre dans la plénitude de la force, de la santé et de l'intelligence et on le verra redresser la tête, prêt à suivre celui qui apporte l'immortalité.

Mais il a été si souvent trompé par de prétendus philanthropes, qu'il traitera tout cela d'utopie, et peut-être s'éloignera-t-il en haussant les épaules. Aussi ne m'adresserai-je pas à tout le monde, tout le monde ce n'est personne, mais au petit nombre, à ceux qui se sentent attirés, aux plus forts et aux plus courageux.

Ils ne risquent rien, ne s'engagent à rien qu'à vivre, tant qu'ils le pourront, en luttant contre la mort et contre l'idée de la mort. Du reste, cette idée n'est pas neuve, mais elle était restée dans les limbes de ce qu'on considère comme des chimères; des échos nous parviennent qui nous font espérer que la science va entrer dans cette voie.

On combat les maladies sous toutes leurs formes; combattre la mort, n'est-ce pas combattre le mal suprême? Seulement, qu'on ne s'imagine pas qu'on puisse rendre immortels tous les individus; il y a les privilégiés, (ceux qui ont su lutter) ce sont ceux qui ont déjà l'auréole de l'immortalité; il ne s'agit que de la développer.

Je parle à des hommes libres qui veulent rester libres; je ne leur propose aucune formule : je ne veux fonder aucune école, aucune église, aucun système philosophique ou scientifique ; je ne trace aucun cercle magique ou autre dans lequel on a l'habitude d'enfermer les hommes. A ceux qui veulent mourir, je dis: mourez; à ceux qui veulent vivre, je dis :

vivez. A ceux qui trouvent le bonheur dans le néant ou dans les champs de l'Infini, je dis : entrez dans le néant, allez dans l'espace. A ceux qui trouvent ou qui espèrent le bonheur sur cette terre, je dis : restez-y, restez-y le plus possible, cherchons ensemble les moyens d'y vivre et de nous y développer sans interruption. A ceux qui proclament que la mort est la liberté, je réponds : soyez libres à votre fantaisie ; à ceux qui pensent que la vie dans toute sa plénitude est le bien suprême, je crie : vous avez raison. A ceux qui disent que la vie telle que je la conçois est une lutte perpétuelle, je réponds que je trouve du plaisir dans cette lutte.

Quoi enfin ! Chacun suit sa voie naturelle, je dis *naturelle*, parce qu'il n'y a rien de surnaturel à ce que les uns trouvent un charme dans le néant, les autres une jouissance supérieure dans l'erraticité ou dans un paradis quelconque : *trahit quemque sua voluptas*. Chacun est attiré vers sa propre fin. Aux occulto-spirites et à tous ceux qui se révolteront peut-être à la pensée de ne pouvoir quitter l'*enveloppe charnelle*, je dirai des paroles rassurantes : tranquillisez-vous, ce n'est pas pour vous que j'écris ; je ne m'adresse qu'aux pauvres gens comme moi qui croient qu'on peut être très bien dans l'enveloppe charnelle quand on sait la rendre habitable. Vous voulez rejeter cette *masse de chair*, comme un vieux vêtement qui vous incommode, à votre aise ; personne ne vous en empêchera, pas même moi, à supposer que je le pusse. Mais je demande la réciprocité : que chacun soit libre. Vous l'entendez ainsi, n'est-ce pas ? Nous sommes donc d'accord.

Ces pages ne sont pas écrites pour ceux qui ont leur religion, leur système, leurs idées arrêtées. Je respecte toutes les opinions quand elles sont sincères, et à la condition que leurs conséquences, bonnes ou mauvaises, n'atteignent que ceux qui les professent ; mais j'ai le droit de dire à tous ceux qui hésitent, qui cherchent, qui ont un vague dans l'esprit : voici ce que je crois vrai, utile, beau, moral ; examinez, rendez-vous compte, scrutez, pesez, méditez et comparez. Je ne fais pas de prosélytisme, Dieu m'en garde. Je sème mes idées, celles que j'ai adoptées ; le vent les emporte où il veut ; elles tombent où elles peuvent. Je ne désire pas faire de conversion, convertir à quoi ? On ne convertit personne, chacun adopte ce qui lui plaît, ce qui lui convient. La vérité n'a pas d'apôtres, elle n'a pas de martyrs. Ce sont les hommes qui se font apôtres et martyrs ; l'idée marche, se propage, s'étend d'elle-même ; quand elle s'incarne dans un homme, dans une œuvre, quelle qu'elle soit, elle se rappetisse, se fait mesquine, et l'on se dit souvent : ce n'est que cela ! Je me le figurais autrement. — Le Vrai, comme le Beau a des degrés que nous gravissons péniblement ; nous croyons le tenir, il nous échappe, il fuit toujours devant nous. On n'est jamais satisfait et on ne peut l'être, on ne le sera jamais ; mais à mesure qu'on monte, on découvre des horizons nouveaux qu'on franchit encore; après ceux-ci d'autres et d'autres encore. Mais quelle joie à chaque découverte, quelles jouissances à chaque acquisition ! On peut se reposer de temps à autre et considérer le domaine qu'on a fait sien ; c'est dans ses moments de repos et de contemplation que l'esprit entrevoit encore des clartés et des beautés nouvelles qui lui apporteront de nouvelles joies et de nouveaux triomphes. La jouissance est dans le désir, non dans la satiété ; le bonheur est dans la certitude de pouvoir marcher toujours sans rencontrer d'obstacles ou de pouvoir les vaincre; la paix est dans la conscience du devoir accompli, l'amour, c'est l'union des êtres qui se comprennent et ont des destinées communes ; c'est l'actif s'infusant dans le passif en communauté d'idées et de sentiments, acte symbolisé par le mariage ; c'est le groupement des forces actives et passives individualisées, symbolisé par l'amitié.

Quand on comprendra et qu'on sentira tout ce que recèlent ce mot et cette chose : amour, quand aux vils intérêts ou aux appétits grossiers, on substituera le bon, l'utile et le profitable, quand on abandonnera la caricature, le laid et le difforme pour l'esthétique, l'art et la beauté, la cacophonie et le bruit par l'harmonie et la symphonie, quand on reconnaîtra l'inanité des discussions, la vanité et le vide de ces masques à figure humaine qui broient des mots, quand enfin la réalité idéale apparaîtra dans toute sa splendeur, alors on pourra s'écrier dans le tressaillement de son être : Hosanna! l'homme est ressuscité! Et le monde goûtera pour la seconde fois les fruits de son paradis enfin reconquis.

CHAPITRE V

La Réintégration

I

La science contemporaine tend à reconnaître que tout est vivant et intelligent dans le Cosmos, depuis la molécule la plus dense jusqu'à la plus éthérée, que les forces ne sont pas aveugles, mais dirigées et soumises par des êtres divers ; que, si l'ordre paraît troublé, que si les maux qui accablent l'humanité semblent provenir d'un dérangement dans l'organisation cosmique, cela est dû uniquement à l'anarchie qui s'est déclarée dans les séries. On ne saurait concevoir logiquement qu'une intelligence souveraine et parfaite en soi ait pu engendrer de pareils désordres.

De deux choses l'une : où cette Intelligence existe ou elle n'existe pas. Si elle existe, elle est impuissante ou perverse ; si elle n'existe pas, les formations diverses qui constituent le cosmos dépendent du hasard. Le hasard est absolument inconcevable et est un mot vide de sens. Une Intelligence souveraine et parfaite ne peut être le mal ni le désordre. Nier le mal et le désordre est puéril. Il faut donc en chercher la cause.

La tradition nous dit qu'elle est due à la révolte ou à l'immixtion des principautés de tous ordres qui évoluent dans le cosmos. La logique est-elle d'accord avec la tradition ? Pourquoi, dira-t-on, cette Intelligence suprême a-t-elle permis le mal, pourquoi n'a-t-elle pas réprimé les êtres turbulents qui défaisaient son œuvre ? Elle est donc complice ou encore une fois impuissante. Ni l'un, ni l'autre.

L'explication, la seule rationnelle est celle-ci : *toutes les formations sont libres en en principe* et le mal ou déséquilibre provient non de la liberté, mais de l'usage qu'on en fait.

Nous nous trouvons en présence d'un fait, et nous ne pouvons que le constater. Si cette Intelligence a laissé faire, c'est parce que, impersonnelle avant tout, elle a délégué à des individualités dans lesquelles elle s'est incarnée tous les pouvoirs et toute la science nécessaires. Puisque les êtres invisibles (invisibles dans notre état actuel) ont été impuissants à ramener l'ordre sur la terre et dans l'atmosphère, c'est que ces êtres-là n'avaient pas reçu les pouvoirs nécessaires; puisque l'homme a été également impuissant, c'est qu'il n'était pas davantage doué de facultés suffisantes, dira-t-on. Partout l'impuissance. Et cependant il faut chercher une cause, une explication rationnelle.

L'homme contient toutes les potentialités, il résume tout le cosmos dont il est l'incarnation visible. Il possède tous les états et tous les degrés de densité, depuis le solide jusqu'à l'état le plus raréfié, depuis la matérialité la plus dense jusqu'à l'idée pure. Au dessous de lui évoluent une foule de formations dont le but est le règne hominal; au dessus évoluent encore des formations de densité supérieure, mais qui ne possèdent pas tous les états de l'homme; ces formations tendent à se rapprocher de lui; elles *involuent*, comme disent certains occultistes.

Toutes nos idées, toutes nos pensées tendent à la réalisation; et cette réalisation, c'est la pénétration dans la matérialité de plus en plus dense dont l'idée cherche à s'envelopper; loin d'être une déchéance, c'est au contraire un perfectionnement, c'est l'être qui s'individualise, et pour s'individualiser, pour régner sur toutes les formations, il doit être à la fois dans tous les degrés de matérialité.

Est-ce qu'un être qui évolue dans l'air peut connaître quelque chose de la terre? Est-ce qu'un être qui évolue dans l'eau peut connaître quelque chose de l'air? Pour tout connaître, il doit être dans tout.

Si les êtres de densité raréfiée tendent à se rapprocher de l'homme, c'est qu'ils ont besoin de lui, c'est qu'ils lui reconnaissent une supériorité.

Dans quel but ce rapprochement? Pour nous instruire, répondent les Occulto-spirites, pour nous faire gagner les régions supérieures et nous faire abandonner l'état terrestre.

Alors ces questions se posent :

Pourquoi l'état terrestre est-il inférieur? Pourquoi la terre est-elle un séjour de souffrances ? Pourquoi l'Intelligence cosmique a-t-elle formé des hommes? Pourquoi a-t-elle formé des êtres supérieurs à l'homme?

Si la terre et l'homme doivent disparaitre, pourquoi les avoir formés? Dieu est souverainement illogique.

Si au contraire toutes les formations sont bonnes, si toute la matérialité est nécessaire, si l'Intelligence Cosmique est dans tout, il s'agit simplement de tout conserver et de tout harmoniser.

Soyons positifs et envisageons les choses comme elles sont. L'homme existe et s'il existe, c'est qu'il a sa raison d'être.

La terre existe, et si elle existe, c'est qu'elle a aussi sa raison d'être.

Toutes les formations, quel que soit leur degré, ont également leur raison d'être.

Mais qui est le maitre sur la terre? Nous avons vu et nous constatons que l'Intelligence Cosmique n'a pas empêché le désordre ni la souffrance.

Elle n'en est pas la cause non plus, sans quoi elle n'est plus l'intelligence cosmique qui est l'ordre. L'homme en est-il la cause efficiente ou occasionnelle?

S'il en est la cause directe ou efficiente, il a été créé ignorant ou pervers. Comment la souveraine perfection peut-elle, encore une fois, former un être ignorant ou pervers? S'il en est la cause occasionnelle, il faut rechercher la cause directe.

Si l'homme doit perdre son état actuel, si la terre et les sphères doivent se dissoudre et donner lieu à de nouvelles terres et à de nouvelles sphères, on doit se demander dans quel but; pour se perfectionner de plus en plus? Comment une sphère peut-elle se perfectionner, si elle se dissout, si elle reprend une nouvelle forme?

Comment l'homme peut-il atteindre la plénitude de l'être, s'il est sujet à tous ces changements, s'il perd chaque fois un état ou un degré?

Enfin pourquoi ce passage d'une densité à une autre et cet abandon successif de matérialité variée?

Pour aller où, pour atteindre quoi? Le bonheur, la puissance? Comment le bonheur est-il plutôt dans un état que dans un autre? Comment la puissance réside-t-elle dans un état et pas dans un autre?

Forces organisatrices et forces désorganisatrices ou autrement dit progrès et régression, voilà ce qu'on observe.

L'homme conscient organise, ordonne, perfectionne sans cesse; l'homme inconscient désorganise, trouble, détruit.

Mais, quel que soit son stade intellectuel ou moral, il tend toujours à sa propre conservation. S'il avait le sens net, la vision directe des choses, en un mot si ce sentiment inné du bien, du beau et du vrai, n'avait pas été atrophié ou dénaturé, il aurait toujours agi en conformité de l'instinct de conservation qui est l'origine de tout développement. Mais cet instinct naturel a été dépravé ; il a été considéré comme la source de l'égoïsme et des passions mauvaises, et il a été combattu avec acharnement.

En rapport constant avec tout son entourage visible et invisible, influencé par des êtres qui, eux, sont de profonds égoïstes, en ce sens qu'ils ne sont que des usurpateurs, il a prêté une oreille complaisante à leurs suggestions et il s'est laissé entraîner hors de sa voie. Ces êtres, qui ne peuvent être des individualités, parce qu'ils ne vivent que dans un degré de densité afférent à leur constitution, et qu'ils ne possèdent que des pouvoirs limités à leur sphère d'action, ont cherché à étendre cette sphère ; ils ont peu à peu influencé l'esprit, la partie spirituelle de l'homme, puis l'âme, puis le corps nerveux et enfin ils touchent à la partie physique. L'homme les a nourris, entretenus et développés avec sa propre intelligence et sa vitalité ; ils ne lui ont rien appris, rien donné, on en a la preuve dans toutes ces communications magiques ou médianimiques dont l'homme fait tous les frais. On peut dire avec raison que sans l'homme ils ne sont rien, ne peuvent rien.

Comment expliquer dès lors cette soumission, cette crainte, cette déférence envers eux ? Par quelle aberration en est-on venu à considérer ces êtres comme des puissances supérieures devant lesquelles tout doit plier ? L'homme est semblable à un enfant qui fabrique un monstre avec de la terre glaise et qui, son œuvre achevée, recule terrifié et se prosterne devant son idole. L'imagination aidant, il lui prête tous ses pouvoirs, tous ses désirs, toutes ses cruautés. Ayant prêté ses sens, son intelligence et sa vitalité à ces entités, il a perverti tout son être ; le désordre et la confusion sont leur œuvre, parceque ces entités ne sont point destinées à être des hommes et qu'en se mêlant de ce qu'elles ne savent pas, elles sont semblables à nos politiciens improvisés qui désorganisent et détruisent sans pouvoir établir rien de durable.

Toutes les formations, tous les êtres, tous les hommes sont bons en principe ; tous sont doués de pouvoirs en conformité de leur nature et de leur fin. Les formations atmosphériques et éthériques ont été faites exclusivement pour régner dans leurs possessions ; de même les formations aquatiques et terrestres. L'homme est entre les deux, il est le pivot autour duquel évoluent toutes ces formations, c'est lui qui doit maintenir tout dans l'ordre.

Chaque règne reste ce qu'il est et on ne passe pas de l'un à l'autre. Pour l'homme, s'il avance ou s'il recule, c'est-à-dire s'il se dépouille d'un de ses attributs, d'un de ses états, il y a une déchéance, une abdication, une ruine.

Dans chaque règne ou série, l'être de ce règne ou de cette série a un idéal qui est l'homme de même l'homme porte en soi un idéal qu'il n'atteindra jamais, mais dont il se rapprochera toujours.

La transformation ou le changement de forme est d'autant plus rapide qu'on se rapproche davantage de la matérialité la plus éthérée.

L'homme qui, comme je l'ai dit, est le pivot, ne peut changer sa forme physique, mais il peut transformer et commuer ses pensées et ses états psychiques qui sont des formations de matérialité éthérique ; mais son point d'appui inébranlable, la pierre de touche et la sauvegarde de son individualité est le corps physique.

Les êtres de moindre densité atmosphérique, ne sont pas immuables, consistants, individuels, et leurs formes varient sans cesse ; ils s'adoptent à leurs milieux, quand ils viennent en contact avec l'homme, ils prennent des formes adéquates à ses pensées ou son status intellectuel et psychique.

Ils ne peuvent avoir d'autre verbe que le sien, d'autre apparence que celle qui le touche directement ou indirectement. C'est ce qui fait que le *scientiste*, le psychologue non occultiste confond l'objectivité avec la subjectivité ; tous ces êtres ne vivant que de l'homme paraissent en effet n'être que ses émanations et ils le sont dans ce sens que si l'homme se refusait à toute suggestion de l'au-delà, à toute communication avec ces prétendus *Esprits*, ils n'existeraient plus pour lui. Le rôle de l'homme est de les maintenir à leur place et de veiller à ce qu'ils accomplissent leurs fonctions en contribuant à l'ordre et à l'harmonie qu'ils ont si profondément troublés.

Nous constatons que l'Intelligence Cosmique n'intervient pas directement, qu'elle se sert de l'homme pour ses fins qui sont le progrès indéfini dans toutes les parties du cosmos. Si donc nous attendons des miracles, nous attendrons longtemps.

Toutes les religions ont leurs thaumaturges, leurs prophètes, leurs miracles et leurs miraculés, et toutes ont des témoignages qu'elles affirment irrécusables. Nous savons à quoi nous en tenir. Des miracles qui ne sont faits que pour une petite secte (miracles qui s'expliquent très naturellement), des dieux qui s'anathématisent les uns les autres, des églises qui perpétuent l'antagonisme et la discorde, tout cela doit faire réfléchir l'homme de bon sens. Du moment que pas une religion, pas une église, pas une secte, pas un parti n'a pu rétablir l'ordre, donner le bonheur même à ceux qui les écoutent et observent leurs préceptes, c'est que tout est chimère et mensonge. Si le rédempteur tant de fois annoncé n'a ni le pouvoir ni les capacités de remettre les choses à leur place et de restituer à l'homme ce qui lui appartient, c'est-à-dire la souveraineté sur ce qui l'entoure, il n'est pas le rédempteur, il n'est qu'un fantôme né d'un cerveau délirant ou présomptueux.

Où est-il donc, se demandera-t-on, cet homme idéal, cet homme déchu qui a possédé la puissance et la connaissance? Où est-elle donc cette terre parasidiaque, cet éden que les poètes ont chanté! Oh! Cet homme n'est pas dans les nuées, oh! cette terre n'est pas perdue dans les *champs de l'infini*. L'homme est sur la terre; la terre, nous la foulons aux pieds.

Quelle que soit au surplus la solution qu'on adopte, que l'homme soit déchu ou qu'il ne l'ait jamais été, que la terre ait été un lieu de délices ou non, un fait évident frappe toute intelligence : c'est que l'homme cherche sans cesse à améliorer sa condition, à vivre le plus longtemps possible sur cette terre qu'il perfectionne toujours, c'est que, malgré tout ce que les sectes religieuses ou les occulto-spirites peuvent lui dire, il s'attache à la vie terrestre qui lui paraîtra de plus en plus belle, à mesure qu'il la comprendra davantage. La folie spirite, explosion de toutes les religions morticoles, est la convulsion suprême qui annonce la fin d'un régime ou d'une fièvre endémique.

Les premiers hommes, les Involués, je parle de ceux qui connurent leur origine divine, se trouvaient en rapport constant avec les êtres de densités différentes qui peuplaient l'atmosphère.

Ils les *voyaient* réellement tels qu'ils étaient, tels qu'ils sont ; ils connaissaient leurs attributions, leurs moyens, leur action ; ils les maintenaient dans leur sphère. Ils correspondaient avec eux en se mettant dans le degré voulu de densité, psychiquement, mentalement, spirituellement ; l'être spirituel ne pouvait se mettre en rapport qu'avec la partie spirituelle de l'homme ; l'être psychique qu'avec sa partie psychique à moins de se revêtir du degré de densité correspondant.

Ces formations nuisibles, destructives que nous voyons n'existaient pas, parce que chaque chose était à sa place.

Ces entités diverses s'influençant réciproquement ont influencé également l'homme qui, confiant dans leur bonne volonté, s'est relâché de sa surveillance. Absolument équilibré, possédant l'aura intellectuelle qui enveloppait tous ses états, et dans laquelle il percevait, sentait et connaissait tout son entourage, sa puissance active balançant sa puissance passive, (ce que les ésotéristes expriment par *l'androgyne*), il était immortel dans son corps physique qui n'était pas ce qu'il est devenu dans la suite, c'est-à-dire lourd, opaque.

Les effluves lumineux qui s'échappent du

corps lui formaient une enveloppe radieuse, visible, permanente, que les êtres ennemis ont mutilée et obscurcie.

Voilà le *corps glorieux* qu'il doit récupérer.

Les êtres atmosphériques, qui ne possédaient pas cette puissance, cette individualité, se sont imaginés de l'assumer pour eux-mêmes ; mais n'y parvenant pas, ils ont tenté de dérober à l'homme ce qui appartenait à l'homme seul. Pendant son sommeil ou son repos, ils ont séparé la passivité de l'activité, c'est-à-dire rompu l'équilibre humain ; mais ils n'ont réussi qu'en partie, car la passivité et l'activité s'interpénétrant, rien n'étant absolument actif ou absolument passif, il est resté à l'homme suffisamment de l'un et de l'autre pour pouvoir conserver son individualité ; mais hélas ! dans quelles conditions !

N'ayant plus dans sa plénitude l'aura duelle dans tous ses états, la lumière s'est obscurcie, et les êtres de l'espace ont pu, tout à leur aise, se livrer sur lui et sur son entourage à toutes les machinations.

Ils se sont insinués peu à peu dans les corps; ce mélange s'est continué et multiplié à travers les générations.

Ce phénomène de dissociation et de séparation s'observe dans les expériences médianimiques.

Ne connaissant rien des lois physiques et biologiques, ils n'ont pu conserver l'immortalité du corps qui leur aurait assuré la domination à perpétuité. Ils ont tout tenté, tout bouleversé pour arriver à leurs fins. Ils ont fait de la terre ce que nous voyons : un enfer;, et c'est pour y échapper que l'homme ne demande pas mieux que de mourir et d'aller dans l'espace où règne le même désordre. Le malheur, tant pour les entités de l'espace que pour les êtres terrestres, a été le résultat de la violation de la Loi.

Voilà les êtres devant lesquels l'humanité se courbe, que les religions adorent, que les occulto-spirites entretiennent à leurs dépens, ce qui ne serait rien, mais aux dépens de tous, ce qui est trop.

Heureusement quelques initiés ont pu se ressaisir dans la mêlée; ils se sont transmis la tradition et la science ésotérique qu'ils vont pouvoir bientôt dévoiler. Les rares entités de l'espace restées fidèles à leurs devoirs n'attendent que leur intervention qui ne sera efficace que quand l'humanité, dans son ensemble, aura résolu de les suivre (1).

J'ai parlé dans le cours de mon récit de laboratoire psychique où des hommes libres pourraient expérimenter. Par hommes libres j'entends ceux qui non seulement ont rompu avec tout préjugé religieux ou scientifique, mais en-

---

(1) Je profite ici de l'occasion pour remercier publiquement les Maîtres inconnus qui ont bien voulu soulever un coin du voile et me permettre d'épeler les premières lettres de l'Alphabet Cosmique.

coreceux qui possèdent la connaissance. Toute association ne comprenant pas le but de la restitution humaine et qui entreprendrait des expériences de cette nature, perpétuerait le mal et le désordre.

Nous savons ce qui manque à l'homme pour pouvoir utilement et pratiquement mener à bonne fin une semblable entreprise : c'est la dualité parfaite dans tous ses états, c'est ce qu'on appelle la clairvoyance intellectuelle. Le mariage, qui n'est, dans son origine, que l'union de l'actif et du passif *dans tous leurs degrés*, et que les puissances ennemies ont rompue, réalise cette dualité ; si l'homme intellectuel était en union intellectuelle avec la femme, s'il y avait entre eux affinité parfaite, le desideratum serait atteint.

L'expérimentateur psychique doit avoir un sujet avec lequel il soit en affinité étroite, ils doivent se compléter l'un l'autre, être en dualité.

Dans ces conditions, connaissant le but que j'ai indiqué, ils ne tarderaient pas à avoir la clef de toutes ces énigmes que le sphinx propose aux chercheurs qu'il dévore, s'ils ne devinent pas. Il vaut donc mieux s'abstenir, si on ne réunit pas ces conditions.

A tous ceux qui, sans être préparés, veulent aborder ces champs d'expérience, je dirai : cultivez votre jardin, si vous tenez à votre vie, à votre individualité. Prenez garde! Le phénoménisme, c'est l'illusion.

II

Ces pages troubleront bien des consciences timorées, jetteront dans les cerveaux et les cœurs des semences d'agitation et peut-être même de discorde; hélas! la discorde ne règne-t-elle pas partout, et est-ce le moyen de la faire cesser que de perpétuer les erreurs? Au reste, nous sommes arrivés à une époque où la sélection va se faire; la fermentation est donc inévitable.

Nombreuses sont les pauvres âmes habituées à avoir un ange ou un guide céleste qui les protège, croient-elles, un dieu anthropomorphe, qui les conduit dans la vie pour leur ouvrir ses bras après la mort; nombreux les esprits qui ne peuvent vivre par eux-mêmes et en eux-mêmes, à qui les formules et les rites sont nécessaires, à qui le mystère est indispensable. Pères, mères, enfants, cherchent un appui et une consolation en dehors de la famille et de la société, parce que société et famille sont profondément remuées et instables.

N'ayant pu jamais penser par eux-mêmes, n'ayant pu s'isoler du monde extérieur, visible et invisible, en leur ôtant brusquement, disons-le même, brutalement, les illusions qu'ils nourrissaient, on leur porte un rude coup.

Un vide, vide profond, va se faire dans leur

pensée ; il y aura un affaissement d'abord, une désespérance morbide peut-être ; tel le lierre ou la clématite privée de son soutien. On ne brise pas impunément des préjugés ; la cognée du bûcheron fait des ravages ; mais c'est pour dissiper les ténèbres, c'est pour faire pénétrer jusqu'au sol les rayons du soleil que les feuillages épais interceptaient.

O vous, les bons et les justes, qui souffrez, qui espérez, qui aimez, je ne suis pas venu pour raviver vos douleurs, pour éteindre vos espérances, pour broyer vos affections ; c'est parce que je partage vos souffrances et que j'espère comme vous, c'est parce que j'ai aimé et que je veux aimer encore, c'est parce que j'ai connu tous les tourments de l'âme, toutes les vanités des consolations banales, toutes les hypocrisies d'un monde usé et profondément égoïste, que je voudrais dissiper en vous les horreurs du doute, les mensonges conventionnels, les faux espoirs ; c'est parce que j'ai été trompé et que j'ai payé bien cher ma confiance aveugle, c'est parce que j'ai cru aux protestations d'amitié et de dévouement de tous ces êtres — esprits ou hommes — qui me montraient le ciel, mais qui eux-mêmes se cramponnaient de toutes leurs forces à la terre, c'est parce que j'ai cru au désintéressement de tous ces apôtres qui prêchaient pour leurs saints, tout en stigmatisant leurs adversaires, c'est parce que j'ai cru à l'amour de ceux qui me parlaient d'amour, c'est parce qu'enfin leurs actes démentaient constamment leurs paroles, que je viens vous dire : prenez garde ! Vous êtes dupes et vous serez bientôt victimes. Il vous faut un Dieu, une religion. Dieu ? Il est en vous, cherchez-le ; la religion, c'est ce qui unit et non ce qui divise. Regardez donc enfin autour de vous tous ces prêtres, tous ces cultes, toutes ces doctrines qui parlent de Dieu et de la Religion, de la Foi, de l'Espérance et de la Charité ; ouvrez enfin les yeux, si vous n'êtes pas aveugles et vous reconnaîtrez qu'au lieu de paix et d'union, il n'y a chez tous ces sectateurs qu'une préoccupation : faire triompher leurs propres idées, leurs propres dieux.

Chacun a son idole et tous le brandissent au-dessus de l'humanité, en lui criant : adore ou meurs ! Où est l'union, où est la paix ?

Prétendra-t-on que ce qu'on nomme les *conversions*, c'est-à-dire les mascarades et les grimaces qu'on impose à des gens intéressés ou ignorants, *civilisés* ou non, auxquels on inculque des formules, des rites et des mystères que leurs protagonistes avouent eux-mêmes ne pas comprendre et pour cause, améliorent les individus et la société ?

Qu'on ne dise pas que ces prétendues conversions dues aux stratagèmes et aux appâts transfigurent l'individu; elles le défigurent simplement : aux vices anciens on ajoute ou on aggrave l'abêtissement et l'hypocrisie, quand on ne soulève pas les colères et qu'on ne déchaîne pas la guerre, *la guerre des Dieux*. On ne fait que substituer une erreur à une autre, un fanatisme à un autre. Et puis quel bel exemple de charité dite chrétienne, pour les peuples que nous voulons *civiliser*, quand, dans nos relations avec eux, nous apportons la fourberie, la violence et des vices nouveaux ! Quelle dérision ! Comme si la charité n'était pas une et universelle, comme si elle dépendait de l'observance de tel ou tel culte, de tel ou tel *isme !* On ne moralise, on n'humanise que par l'exemple. Tout le reste n'est que parade et comédie qui déguisent la soif insatiable de domination. Certes, il y a des missionnaires dignes de respect, on en rencontre de sincères, mais ils ne sont que des instruments, *perinde ac cadaver*, entre les mains des *habiles*. Ce *cléricalisme* que nos politiciens athées ou libres penseurs trouvent exécrable chez eux, ils le trouvent excellent chez les autres : *le cléricalisme n'est pas un article d'exportation*. Tous les moyens sont bons pour exploiter et asservir un pays.

Votre ange gardien, c'est votre conscience morale qui tient les balances de la justice ; elle ne ment jamais, jamais elle ne trompe ; votre Dieu, c'est la flamme pure qui brille en elle, qui éclaire l'intelligence et réchauffe le cœur. Dieu, c'est la simplicité et la douceur, c'est le sens intime qui vous parle, vous prévient des malheurs et des dangers, vous conduit tranquillement dans votre vie ; c'est en même temps la force qui vous fait briser les obstacles que l'ennemi accumule sur votre route. Oh! Ecoutez cette voix intérieure dans le silence et la méditation; vous y puiserez des énergies et des consolations que vous ne soupçonnez pas. Vous ne vous méprendrez pas à ses accents; elle ne vous parlera jamais de la mort, de l'abandon, de sacrifice, de fausse humilité; ce que vous devez abandonner et sacrifier, c'est le vice, l'ignorance et la foi aveugle; ce que vous devez conserver et agrandir, c'est la vertu, le savoir, le sentiment du juste, l'amour de tout ce qui est bon, beau et noble.

Elle développera en vous cette *seconde vue*, c'est-à-dire la faculté de discerner le vrai et le faux, l'ami et l'ennemi : vous avez besoin d'affection, elle vous fera reconnaître ceux qui en sont dignes ; vous avez soif de savoir, elle vous fera découvrir les sublimes vérités; vous désirez l'ordre et l'harmonie; elle groupera autour de vous les hommes de bonne volonté; vous voulez vaincre pour le Droit et la Justice, elle armera votre bras et vous serez invincibles. Cette voix, c'est celle des Justes, de l'Homme Collectif, qui s'est identifié avec son Dieu : écoutez-la, humains, et vous aurez amour et puissance.

Homme, Dieu est en toi; tu peux le chasser et alors tu deviens la proie de tous les êtres malfaisants qui se disputent ton corps, ton âme et ton intelligence, garde-le invariablement, et tu restes toi-même, un avec lui, un avec la société des justes.

« Imposer au moi le plus religieux silence, pour que le Soi se puisse faire entendre, et alors plongeant au plus profond de l'intelligence, écouter parler l'Universel, l'Impersonnel, ce que les Gnostiques appellent l'Abîme.

« Mais il faut être préparé, sans quoi l'abîme n'a qu'une voix pour celui qui l'évoque étourdiment, voix qui a nom le vertige.

« Nul ne peut parfaire son initiation que par la révélation directe de l'Esprit universel, collectif qui est la voix qui parle à l'intérieur (1).

Tu crains, tu trembles, tu es nu ; on t'a dépeint la vie comme une épreuve, on t'a dépouillé de ta puissance, on t'a jeté hors de ta voie et on t'a livré aux bourreaux qui brisent tes os, meurtrissent ta chair, épouvantent ton sommeil et font de chacune de tes heures un siècle d'agonie ; tu as accepté, tu as enduré tous les maux dans le fallacieux espoir d'une compensation céleste, et te voilà pantelant, l'œil vitreux, les bras en croix sur cette terre arrosée de ton sang.

Et moi je viens te crier : chasse ces visions funèbres, relève-toi, tu ne mourras pas, même

---

(1) Stanislas Guaita.

si le sépulcre se referme sur toi ; ta récompense, la récompense due à tes efforts, c'est la vie sur la terre, la vie avec toutes ses splendeurs ; c'est la liberté dans l'ordre et l'harmonie rétablie ; c'est le bonheur dans l'amour ; c'est la lumière avec toutes ses couleurs et ses ombres radieuses ; c'est l'activité alternant avec le repos ; c'est l'ascension continue vers l'idéal. Voilà ce que la terre réhabilitée te réserve.

Allons, debout ! Secoue tes chaînes, Prométhée ! Brise ta croix, o Christ ! Titans de la terre, levez-vous, soulevez les pierres du tombeau et appelez les élus, ceux qui ont vécu et vivent encore avec la volonté de revenir sur cette terre pour la réhabilitation de laquelle ils ont lutté et souffert !

III

Comment s'opère cette résurrection ou plutôt cette restitution ? car on veut comprendre, on ne veut plus croire.

L'homme est un aimant vitalisé avec plus ou moins de puissance.

Suivant sa force d'aimantation, il peut retenir groupés autour de ses pôles les molécules de son individualité.

Cette puissance n'est pas égale dans toutes les parties constitutives de l'être, d'où la transition ou séparation de ces parties.

Cette transition peut n'affecter que le corps physique, dans son premier degré, le tégument externe.

Si la puissance de résistance et de volonté est suffisante, toutes les molécules du corps physique deuxième et troisième degré, ainsi que du corps nerveux, resteront groupées; si la puissance de résistance ou de volonté est trop faible, les molécules nerveuses se dissocieront, et il ne restera de l'homme que les corps psychique, mental, spirituel, lesquels à leur tour peuvent être dissociés.

Il faut donc, pour que l'individualité humaine puisse être restituée intégralement, qu'elle ait pu, en résistant aux attaques des entités microbiennes, maintenir la cohésion de tous les éléments autres que ceux du tégument externe autour des pôles aimantés. Et alors, quand la cause qui a amené et maintenu la transition vient à disparaître, la volonté peut rappeler les éléments épars momentanément séparés, et l'homme réapparaît.

Cela ne lui est pas plus difficile qu'à un aimant de grouper la limaille de fer à sa portée ou qu'on met à sa portée. Mais il est évident que seules les molécules ayant de l'affinité pourront se rencontrer. Fournissez au décédé le moyen de se reconstituer et la chose se fera très naturellement. Si, pendant la vie, je n'ai conservé aucune affinité avec la partie physiologique de mon être, avec la terre, avec l'humanité, aucune puissance ne sera capable de me rendre l'individualité.

Mais je ne puis avoir conservé cette affinité que dans les parties inférieures, dans le but de continuer à satisfaire des passions brutales.

Ici l'équilibre fait défaut, et je ne pourrai établir cet équilibre qu'en faisant appel aux facultés plus élevées, aux molécules psychiques et spirituelles.

Or, je ne les ai pas développées, je n'ai pas d'affinité pour elles, ou plutôt elles n'ont jamais existé qu'en germe, conséquemment mon appel sera vain et ici encore mon individualité ne peut être reconstituée avec d'autant plus de raison qu'elle n'a jamais existé.

Des êtres de cette nature sont de simples groupements de forces maintenues en cohésion par une impulsion vitale dont le point de départ est le sang; le sang fait vivre l'organisme dans ses parties physico-chimiques et instinctives; si la volonté est impuissante à unir ces forces, comment l'individualité humaine peut-elle se reconstituer?

Comment peut s'effectuer cette reconstitution? *Sublata causa, tollitur effectus.* Les causes de la transition sont nombreuses: en réalité, il n'y a qu'une cause qui doive attirer notre attention : c'est la corruption de l'atmosphère, corruption qui se répercute sur les formations terrestres.

Ce sont des êtres malfaisants dont la science moderne ne connaît que les microbes, qui ne sont eux-mêmes que des effets, et qui pullulent dans l'air, s'insinuant partout, déformant, dégradant et ravageant, affaiblissant l'organisme dans toutes ses parties, y déposant des germes infectieux, source de toutes les misères, donnant naissances aux plantes vénéneuses, aux animaux immondes et nuisibles.

Je sais bien que ces poisons peuvent être utilisés et on les utilise en effet ; d'où les inoculations à grandes ou petites doses, d'où cette rage de vaccination. Le remède est pire que le mal.

« Avec les bactériologues, dit le Dr Boucher (1), va s'ouvrir l'ère des deuils et des épouvantements ; ses virus débordent partout sous le nom de serum, la vaccine devient intensive et les jeunes gens qui tous passent par la caserne subissent à trois ans d'intervalle, six, huit, dix intoxications.

Sous l'influence de ces semailles mortelles, les organismes de plus en plus orientés vers les manifestations infectieuses témoignent de leur

---

(1) De l'erreur jennérienne et de ses conséquences prochaines au point de vue épidémiologique.

tendance par des accidents de plus en plus graves, de plus en plus répétés.

La grippe, type des maladies infectieuses, qui ne faisait autrefois que de rares apparitions, devient endémique, le typhus en pleine paix fait sa réapparition, la peste ravage les Indes inondées aussi de vaccins et semble s'avancer vers nous, cependant que les accidents secondaires de la première période, variole et fièvre typhoïde, les premiers presque disparus, les deuxièmes en voie de diminution, sont remplacés par des accidents tertiaires fixes et héréditaires, lèpre, tuberculose et cancer.

« J'ai démontré en d'autres mémoires présentés au congrès de Nantes en 1898, comment s'effectuait ce passage de l'une à l'autre forme, et j'ai fait ressortir que, contrairement à ce que nous enseignait une science grossière, toutes les formes infectieuses présentaient entre elles les plus étroites relations, qu'elles provenaient toutes d'un même principe infectieux fourni par l'organisme dans les diverses circonstances que j'ai indiquées (fermentation des protoplasmes cellulaires); que cet unique principe, subissant une évolution parallèle à l'évolution physique de l'être, connaît, suivant les âges et les diverses réactions individuelles, des manifestations différentes (oreillons, rougeole scalartine, diphtérie dans l'enfance, rhumatisme, variole, typhoïde dans l'âge mûr et cancer du commencement de l'âge mûr à la vieillesse).

« D'où il résultait forcément qu'en injectant à outrance dans les organismes d'individus âgés de 22 à 25 ans, comme on le fait chez les soldats, des ferments infectieux, les virus jeunériens, on devait déterminer chez eux la forme infectieuse propre à leur période, c'est-à-dire la tuberculose Ainsi se trouve expliquée cette extraordinaire mortalité (316 décès par la tuberculose sur un total de 495) signalée dans une population d'élite, dans une population spécialement choisie à la suite de trois examens scrupuleux.

« Egalement aussi se trouvent expliqués, par une évolution tardive du virus, ces 300.000 décès tuberculeux observés chaque année dans la population civile en France.

« ...Lorsque les microbiens veulent démontrer au public l'action bienfaisante qu'exerce une de leurs injections sur une maladie déterminée, ils exagèrent d'une façon incroyable le nombre de cas fournis par cette maladie, en y faisant entrer toutes les formes légères qui auparavant comptaient en d'autres groupes et qui guérissaient seules... (1) ».

Tels sont les effets de causes *visibles* dans l'appareil somatique ; mais les effets de causes *invisibles* dans le système nerveux, et dans les facultés cérébrales, qu'en dit-on, qu'en pense-

---

(1) La science scélérate (*Journal du Magnétisme*, juillet 1899).

t-on ? Car toutes les maladies mentales ou simplement nerveuses ne sont pas dues exclusivement au traumatisme ou à l'infection du sang; tout le monde le sait.

Les fermentations infectieuses, la nocivité des microbes, objectera-t-on, ne sont dues qu'au milieu corrompu ou malsain (pourquoi le milieu devient-il malsain ?).

Assainissez, et les germes nocifs ne se développeront pas. D'accord. Les microbes sont partout; ils sont aussi bien des agents de vie que de mort. Mais d'où vient leur nocivité! De la corruption, dit-on.

— Et la corruption ? On tourne dans un cercle vicieux.

Ce sont des formations ennemies, je le soutiens, car le microbe ne joue par lui-même aucun rôle vital. Il se forme en absorbant de la vitalité.

Pour qu'il soit un agent de vie, pour que l'homme conserve la santé, il faut que celui-ci maintienne l'organisme en état de résistance, de telle sorte que le microbe introduit dans l'appareil digestif ou circulatoire soit absorbé et *assimilé*; si dans ce cas il est un agent de la vie, c'est qu'en l'absorbant on absorbe de la vie. On l'a désintégré, on l'a, pour ainsi dire, forcé à restituer la vitalité. Au contraire, quand l'organisme s'affaiblit, les microbes tirent de la vitalité à l'individu; ils l'absorbent au lieu d'être absorbés. L'air, l'eau, etc., n'ont pas besoin de ces formations pour être utilisées. Quant aux boissons dites fermentées, nutritives ou toniques, les infiniment petits qui servent de ferments ne méritent nullement notre gratitude : ils sont simplement dissous, absorbés, et c'est leur mort qui est notre vie.

Analogiquement, maîtrisez ou transformez ce que les occulto spirites appellent les *Esprits* forcez-les à vous servir ou désintégrez-les et vous conservez la santé psychique ; mais c'est toujours la lutte pour la vie et si l'homme succombe finalement, c'est parceque certains êtres de l'atmosphère transforment les divers agents de la nature qu'ils rencontrent en instruments de destruction. Toutes les fois qu'ils trouvent un milieu favorable, soit psychique, soit physique, leur présence se fait sentir. L'homme qui cédé aux mauvaises passions, aux excès, à la crainte ou à la superstition, crée un foyer purulent où se développent les infiniment petits qui cèdent ensuite la place à d'autres infiniment plus forts.

Il est vrai que malgré sa sagesse, il est également sujet aux maladies et à la transition, ce qui prouve que l'atmosphère est contaminée et peuplée de parasites qui en absorbent la vitalité, et si l'homme n'a pu jusqu'ici triompher, c'est parce qu'il n'a pas concentré son intelligence et ses efforts sur les moyens à employer, habitué qu'il est à considérer la mort comme inévitable ou même comme très avantageuse. Mais il y a cette différence entre le vrai sage et l'imprudent, c'est que le premier peut éviter la mort seconde et non l'autre.

Cherchez donc dans ce plan astral et autres et vous verrez évoluer ces entités microbiennes, qui s'attaquent au système nerveux et à l'intelligence.

Mais si on les découvrait, on serait capable d'en extraire un serum qu'on inoculerait !...

Et c'est ce que font pourtant les Spirites et autres astralisants.

C'est le rôle de l'Occultiste initié et du physiologiste qui veut franchir les bornes posées par l'Académie de scruter ce domaine et de se rendre compte de l'action exercée par ces *Esprits* supérieurs ou inférieurs : le remède serait bientôt trouvé et il le sera. C'est à ce moment que les individualités sortiront de leurs tombeaux, celles, comme je l'ai dit, qui s'y trouveront encore.

Le but que se propose une volonté libre et inébranlable doit toujours être atteint, tôt ou tard. Pour conserver le terme en usage, une suggestion forte doit être suivie d'effet tant sur les facultés intellectuelles et psychiques, que sur le mécanisme physiologique.

C'est la pensée qui précède la réalisation. Ainsi que je le disais ailleurs, il y a deux phénomènes dans l'action mentale : la conception et la réalisation. La conception provient de la coopération de deux cellules cérébrales, polarisées inversement et agissant l'une sur l'autre;

la réalisation consiste à faire accepter et exécuter l'idée ou suggestion par l'ensemble des cellules nerveuses, lesquelles à leur tour réagissent sur l'appareil somatique.

L'idée, pour être acceptée doit être en rapport harmonique avec la mentalité de celui qui la reçoit; c'est ce qu'on a constaté dans les expériences hypnotiques. Ainsi, si j'ai l'idée de la mort, si je nourris cette idée, je m'autosuggestionne et je détermine en moi un courant de forces dont le but sera la désagrégation; si au contraire je concentre ma volonté sur l'idée de vivre, de revivre, je détermine en moi un courant de forces dont le but sera la réintégration.

On a pu faire des suggestions à longue échéance, ces suggestions ont le plus souvent reçu leur exécution; mais elles ont d'autant plus de chance d'être exécutées que la personne a plus d'affinité avec l'idée suggérée.

Or quelle est l'idée la plus puissante, celle pour laquelle nous avons le plus d'affinité, si ce n'est l'idée de vivre ? Que, pendant notre vie, nous entretenions l'espérance invincible d'une restitution, que nous concentrions notre volonté sur cet espoir, l'espoir se réalisera : c'est une question de temps et de circonstances.

« Toute idée acceptée (1) par le cerveau tend

---

(1) D' Paul-Emile Lévy.

à se faire acte. Toute idée de volition, sentiment, sensation, mouvement, si faible qu'on la suppose, contient implicitement en elle, un commencement de réalisation vers cette volition, ce sentiment, etc...

« On ne prétend pas que toute idée soit un fait, mais toute idée est un commencement de fait; l'idée ne pourra bien évidemment se réaliser qui si cette réalisation est possible, l'idée de mouvement du bras ou de la jambe, par exemple, ne pourra se traduire en fait, s'il y a lésion hémorrhagique ou ramollissement des foyers cérébraux correspondants (1). »

« Toute idée est un image, une représentation intérieure de l'acte, or, la représentation de l'acte, c'est-à-dire un ensemble de mouvements en est le premier moment, le début et est ainsi elle-même l'action commencée, le mouvement à la fois naissant et réprimé. L'idée d'une action possible est donc une tendance réelle, c'est-à-dire une puissance déjà agissante et non une possibilité purement abstraite(2). »

Que manque-t-il au décédé pour réaliser son idée de revivre ? La matière ? Non, puisqu'elle existe à tous les degrés et que sa composition est la même dans son essence, il ne manque que les conditions convenables d'exécution.

---

(1) Docteur Paul-Emile Lévy.
(2) Fouillée.

IV

Pour que l'individualité soit bien la même, elle ne fera que reprendre ce qu'elle a été momentanément obligée d'abandonner. Quel que soit le temps écoulé, les particules matérielles ne se perdent jamais; elles peuvent donner lieu à des combinaisons de toutes sortes, mais elles se retrouvent toujours. Si l'individualité acquérait des éléments nouveaux, sans lien avec les anciens, elle ne serait plus ce qu'elle a été; il y aurait une formation nouvelle. C'est précisément ce qui se passe dans la médiumnité. L'entité qui se manifeste ainsi ne peut, d'aucune façon, être ce que les spirites prétendent.

Je vais tout de suite au-devant d'une objection qui se présente tout naturellement. Pendant la vie, dira-t-on, les molécules se renouvellent sans cesse, au point qu'au bout d'une ou plusieurs années, le corps est complètement transformé. L'homme n'est donc jamais le même. C'est vrai. Mais il poursuit son évolution sans discontinuité, il maintient toujours la cohésion de ses éléments, il n'abandonne jamais une molécule pour lui en substituer une nouvelle, sans un travail plus ou moins lent d'endosmose et d'assimilation.

Un corps étranger ne peut s'insinuer dans l'organisme sans qu'il soit assimilé, s'il peut l'être, ou chassé, s'il est inassimilable; si l'énergie vitale est impuissante soit à se l'assimiler, soit à l'expulser, l'organisme succombe avec le temps. La mort est une interruption dans l'assimilation et la circulation des principes de vie; pour que l'individu ainsi sacrifié puisse reprendre sa place, il faut qu'il reprenne la vie au point où elle l'a abandonné et que tout ce qui le constituait au moment précis de l'interruption lui soit restitué, sans quoi le lien ne pourrait être renoué.

C'est le rôle de l'occultiste physiologiste de rechercher les conditions favorables à cette réintégration. Quand on connaît la cause d'un mal, on trouve toujours le remède. La cause, l'obstacle à briser, c'est la masse des entités atmosphériques de tous ordres qui empêchent la réunion des éléments qu'ils ont dissociés.

Les individualités disparues n'attendent que l'intervention de l'homme. Qu'à son verbe, qu'à son commandement, les murs s'écroulent et que la chaîne de l'être soit désormais sans solution de continuité.

« Les créatures qui proviennent de Dieu, *sans intermédiaire*, n'ont pas de fin, parce que l'empreinte qu'elles tracent ne s'efface jamais. Ces créatures sont toutes libres parce qu'elles ne sont pas soumises à l'action des choses nouvelles... Mais, dis-tu, je vois l'air, le feu, l'eau et la terre et tous leurs mélanges tomber en corruption et durer peu, et cependant ces choses ont été des créatures, elles devraient donc être exemptes de corruption (1). »

Ce qui produit la corruption, c'est l'intermédiaire fluide, destructeur, et c'est cet intermédiaire, misérable Esprit, causes occasionnelles, que nous devons combattre. L'homme libre, émanation du Dieu cosmique, a été formé immortel dans tous ses états : cette matière qui nous apparaît solide, liquide, etc., et qui semble si incommode, est ce qui constitue l'individualité. Seulement, on se fait une idée absolument fausse de la matière. Elle est plus ou moins dense et sa densité réside dans l'attraction moléculaire.

L'intelligence, puissance expansive et extensive, attractive et contractive, peut modifier à son gré le mouvement moléculaire, l'accélérer ou le ralentir. « Le mouvement porte en soi son intelligence » (2).

On ne ressuscite pas un mort ; on donne simplement à l'individualité les moyens de se manifester, de reprendre sa place naturelle. Et ici, je crois encore utile de rassurer les esprits chagrins et de répondre à une objection déjà faite : si on pouvait faire revivre les *morts* la terre serait infiniment trop petite pour les contenir ; ils finiraient par s'entre dévorer.

— Faut-il répéter que les *morts* ne sont pas

---

(1) Dante.
(2) Louis Lucas.

susceptibles de revivre, pour cette excellente raison qu'ils sont bien morts. Les individualités prêtes à reprendre leurs places évolueraient à l'aise dans deux ou trois départements français.

Mais ceux qui peuvent faire une pareille objection et autres analogues n'ont pas la moindre idée de ce que seront la terre et la vie, quand tout sera rétabli. Si de nouveaux désordres étaient à craindre, c'est que l'œuvre ne serait pas parachevée, et elle le sera avec le temps.

Quelques bons esprits pourront ici faire cette réflexion : mais dans tout ceci nous ne voyons pas intervenir cette Justice immanente, vengeresse. Il est vrai que je semble n'envisager que le côté scientifique, la science *amorale*.

Hé bien, scientifiquement, il n'est pas possible à un être humain d'acquérir et de maintenir l'équilibre en lui-même, s'il ne satisfait constamment à cette justice et à cette charité bien comprise qui lui commandent impérieusement de donner à chacun ce qui lui est dû (à tous les points de vue) et d'aider suivant ses moyens au relèvement de ceux qui invoquent légitimement son appui, parce que toute infration ou omission volontaire imprime dans l'être une tache réelle (le remords, l'inquiétude dont les effets peuvent être constatés sur le système nerveux) qui obscurcit et détourne, comme en la réfractant, la lumière divine qui seule immortalise l'individu. L'injustice qu'on commet envers soi-même, soit envers le corps en le martyrisant ou en le livrant aux mauvais instincts, soit envers l'âme et l'intelligence en les atrophiant, produit les mêmes effets que celle dont on se rend coupable envers autrui. Le châtiment est la perte graduelle de l'individualité avec des souffrances proportionnées aux blessures causées par des actes répréhensibles. J'ajoute que, dans certains cas peut-être, une contrition parfaite, mais non inspirée par la crainte, et un désir ardent et sincère de réparation peuvent constituer une dynamique assez puissante pour préserver l'individualité. Je ne formule aucune règle absolue. Sait-on toutes es ressources que recèle un individu ?

V

Pourquoi les hommes justes ne se sont-ils pas solidarisés et n'ont-ils pas fait cause commune ? En se laissant envahir par les bêtes, ils ont compromis leur liberté ; les bêtes elles-mêmes, en refusant de se laisser diriger par eux, ont fait leur propre malheur.

Il est vrai que la confusion résultant des mélanges a aveuglé tout le monde ; on n'a plus pu dicerner le bien et le mal, la liberté et la licence, le progrès et la régression. Tous souffrent, tous cherchent le remède, sans parvenir à le trouver.

La Société ressemble à une vaste bergerie où tous les cris discordants se confondent en un seul : vivre, vivre !

Et comment ? Les uns n'ayant qu'un ventre avec des tentacules énormes, n'ont besoin que de la nourriture physique ; les autres ayant en plus un cœur veulent la satisfaction des sens et de l'âme ; d'autres, ayant à la fois le ventre, le cœur et la tête, ont des besoins plus variés et des désirs insatiables. Tous ont raison de vouloir vivre conformément à leur nature ; tous ont raison de vouloir être libres ; mais on s'aperçoit que ce ne sont que des vœux et non des réalités. On a cherché et essayé une foule de combinaisons ; aucune n'a réussi.

Les économistes et les sociologues y ont usé leur intelligence ; les législateurs ont accumulé lois sur lois, décrets sur décrets ; les historiens ont dépeint l'état de choses sans pouvoir en fixer le sens ; les philosophes ont bâti systémes sur systèmes, les littérateurs et les poètes ont rêvé, la science s'est repliée sur elle-même. C'est ce qui a fait dire à Fourier : « Plus un peuple accumule de théories morales, moins il a de mœurs, plus un siècle amoncelle de systèmes sur la logique et l'idéologie, moins il est apte à penser et raisonner sainement ; » et à Barthélemy : « Les bibliothèques, prétendus trésors de connaissances sublimes, ne sont qu'un dépôt humiliant de contradictions et d'erreurs ».

Il faut que l'homme véritable se ressaisisse et qu'il cherche Dieu, non dans les nuées, mais en lui-même ; « il faut le rendre socialement manifeste dans l'ordre qui lui est propre (1) ». Mais il faut aussi qu'il agisse et qu'il emploie les moyens que les circonstances lui présentent pour atteindre ce double but : l'ordre et la liberté.

Actuellement, l'argent est le levier tout puissant ; inutile d'ergoter, de se lamenter et de gémir. Sans doute, l'or est une chimère, c'est un vil métal, une source de corruption et de vénalités ; en attendant, il est un instrument d'oppression et les hommes libres sont les premiers opprimés. Nous ne sommes plus au temps des Régulus ni du brouet spartiate. On ne va pas plus chercher les hommes désintéressés parmi les pauvres ; on va aux puissants et les puissants du jour sont les riches. Il faut donc se servir de l'argent comme d'un moyen et pour s'en servir, il faut l'avoir en sa possession, en attendant qu'il devienne inutile.

« Le sage qui manque les voies d'enrichissement n'obtient en général que le mépris et n'a nulle influence pour faire adopter ses vues. Le sage indigent compromet la sagesse même ;

---

(1) St-Yves d'Alveydre (Mission des Juifs).

il la discrédite, l'expose à la risée dans un monde purement mercantile (1) ».

Mais il ne s'agit pas seulement de faire adopter ses vues, il s'agit, une fois adoptées, de pouvoir les réaliser. Le sage doit donc être avant tout pratique, ou il n'est qu'un rêveur dont on n'a que faire. Si le prétendu sage n'emploie pas sa fortune, au cas où il en aurait, à réaliser le vœu humain, la réintégration par l'ordre, il n'est qu'un fou ou un imbécile, je ne dis pas un égoïste, et on peut le ranger parmi les inconséquents ou les moutonniers, ou les rétrogrades, ou les simplistes, ou les mercantiles, ou les sceptiques, ou les sophistes ou les faux libéraux, ou les effarouchés.

Il est un fou ou un imbécile d'une de ces catégories, car il ignore tout de la vraie sagesse qui est à la fois idéale et pratique.

Armés de la puissance que donne l'argent, les hommes justes parviendront à établir, pour leur propre profit et pour le profit général, des institutions conformes à la nature et à l'ordre naturel des choses. Ils fonderont le droit naturel qui est l'ensemble des règles primitives aujourd'hui méconnues et noyées sous des amas de textes législatifs et de doctrines jurisprudentielles sur lesquelles pâlissent nos étudiants. S'inspirant constamment de la justice, forts de la bonté de leur cause qui est celle de

---

(1) Ch. Fourier.

l'humanité, forts par les moyens, ils grouperont rapidement autour d'eux les bonnes volontés et elles sont nombreuses, malgré les apparences. N'arborant aucun drapeau, n'agitant aucun symbole, ne se réclamant d'aucune personnalité, si leurs actes sont d'accord avec l'idée et le sentiment de la justice, du droit et de l'équité, ils parviendront peu à peu à une réforme économique et sociale dont les bienfaits ne tarderont pas à se faire sentir.

Homme juste, tu veux voir régner la justice ? Sois fort et impose-la. La justice est la raison incontestable de l'homme social.

VI

Toutes les formes de gouvernement ont été essayées. C'est d'abord la souveraineté de la force brutale, c'est ensuite la souveraineté de la force masquée de sophisme, quel que soit le sophisme, comme a dit Agathon de Potter : sophisme religieux, politique, aristocratique ou démocratique.

Sous quelle souveraineté se trouvent en général les peuples dits civilisés ? La souveraineté du nombre qu'on dénomme souveraineté du peuple. Est-ce la liberté ? L'ordre est-il assuré

« Qu'entendent aujourd'hui par la souveraineté du peuple ceux qui s'en portent les défenseurs ? Est-ce l'exercice du pouvoir par la totalité des citoyens ? Les plus chauds partisans du principe n'y ont jamais songé ; ils ont déclaré le peuple incapable d'exercer lui-même le pouvoir et lui ont réservé seulement le droit de le déléguer, c'est-à-dire d'y renoncer, sauf à le reprendre pour le déléguer à d'autres. J'entre dans cette hypothèse.

« Qu'entend-on par cette délégation de pouvoir ? Est-ce l'élection universelle de tous les pouvoirs, et, dans chaque élection, le suffrage universel ? En fait, à coup sûr, personne n'y pense ; en droit, cette transformation de la souveraineté du peuple ne fait que la rendre plus absurde encore. Elle la fonde sur ce principe, que nul n'est tenu d'obéir au pouvoir qu'il n'a pas choisi, aux lois qu'il n'a pas consenties. Que devient alors la minorité ? Non seulement elle n'a pas choisi le pouvoir qui a été élu, elle n'a pas consenti les lois qui ont été faites, mais elle a élu un autre pouvoir, elle a voulu d'autres lois. De quel droit la majorité lui imposera-t-elle l'obéissance ? Du droit de la force ? Mais la force n'est jamais un droit. Dira-t-on que la minorité peut se retirer ? Mais alors il n'y a plus de peuple ; car les majorités et les minorités variant sans cesse, si à chaque occasion la minorité se retire, bientôt la société ne sera plus. Il faut donc que la minorité reste et se soumette. Voilà donc la souveraineté du peuple encore une fois transformée; elle n'est plus que la souveraineté de la majorité. Que devient-elle sous cette nouvelle forme? La minorité est-elle en effet dévouée en esclave à la majorité ? Ou bien serait-ce que la majorité a toujours raison, sait parfaitement et ne veut jamais que le bien ?

Il faut choisir, il faut affirmer ou que la majorité a tout droit sur la minorité ou qu'elle est infaillible. L'iniquité est d'une part, l'absurdité de l'autre (1). »

— « La démocratie n'est autre chose que la tyrannie des majorités, tyrannie la plus exécrable de toutes, car elle ne s'appuie ni sur l'autorité d'une religion, ni sur une noblesse de race, ni sur les prérogatives du talent et de la fortune ; elle a pour base le nombre et pour masque le nom du peuple. Que les feuillants, les constitutionnels, les jacobins, les girondins, que la plaine et la montagne se réconcilient, que le *National* et la *Réforme* se donnent la main, ils sont également anarchistes ; la souveraineté du peuple ne signifie que cela (2) ».

Il n'y a qu'une égalité possible : c'est l'égalité des chances pour tous; il n'y a qu'une liberté : celle de vivre conformément à ses aptitudes et ses goûts en respectant celle d'autrui, il n'y a qu'une fraternité : celle des justes.

---

(1) Guizot.
(2) Proudhon.

Je le dis sans ambages : je repousse toute solidarité avec les coquins, les coquins irréductibles, les pervers sans rémission et tous les incurables jusqu'à ce qu'ils s'amendent; malgré leur face humaine je ne les aime pas; je ne veux pas en faire mes frères; je veux qu'on les relègue, qu'on les transporte ou qu'on les déporte, enfin qu'on s'en débarrasse, et qu'ils ne soient pas à charge des honnêtes gens.

VII

Quelles sont les causes des révolutions ou des révoltes ?

1° L'oisiveté qui engendre les chimères, l'ennui, la misère et les vices ;

2° L'insuffisance du salaire ou de la rémunération.

3° La mauvaise répartition des charges publiques qui retombent de tout leur poids sur le travailleur et le producteur, le gaspillage et l'emploi de la fortune publique à des œuvres inutiles ou nuisibles, l'énormité de certains traitements et gains comparativement au travail ou au talent, les facilités données aux accapareurs et agioteurs, parasites de toutes catégories qui asservissent le travail manuel et intellectuel ;

4° L'abandon de la culture de la terre qui ne demande qu'à produire sous presque toutes les latitudes ;

5° La méconnaissance de la hiérarchie fondée sur les capacités, le mérite et l'intérêt individuel harmonisé avec le collectif : hiérarchie de protection et de développement où chefs et fonctionnaires au nombre strictement nécessaire ne doivent être que les serviteurs de la collectivité.

Que chacun travaille son jardin, mais qu'on donne à chacun son jardin ; que le père de famille élève ses enfants ; que l'artisan s'occupe de son métier et ne prétende pas régenter les autres ; que le législateur s'inspire des besoins de tous et fasse respecter tous les droits et toutes les libertés ; que l'électeur ne se croit pas l'égal (en pouvoir et en connaissance) de l'élu ; que chacun, en un mot, tout en s'inspirant du collectif, reste à sa place et n'usurpe aucune fonction, aucune autorité.

Les mœurs se sont corrompues, les ambitions malsaines et irréalisables ont dépravé les intelligences, parce qu'on a fait des distinctions fictives parmi les hommes et parmi les professions. On parle de professions libérales et de métiers serviles ; l'homme est digne ou il ne l'est pas, quelle que soit son occupation.

Montesquieu écrivait : « Il y a en France

trois sortes d'état, l'église, l'épée et la robe. Chacun a un mépris souverain pour les deux autres. Tel, par exemple, qu'on devrait mépriser parce qu'il est un sot, ne l'est souvent que parce qu'il est homme de robe ».

On se demande, avant d'accorder des honneurs, si celui qui y prétend est riche ou pauvre, travailleur manuel ou intellectuel, malheureux ou puissant et on ne songe pas ou très peu à son mérite intrinsèque.

Dans notre démocratie, c'est pis que sous l'ancien régime. On n'a qu'à regarder autour de soi.

Que chacun ait la place dont il est digne et qu'il puisse occuper utilement. Si le désordre effrayant qui va toujours grandissant menace la société de fléaux auprès desquels ceux que l'histoire a enregistrés ne sont que jeux d'enfants, il faut l'attribuer à ce fait originel qui résume tout : on ne vit plus qu'artificiellement ; la nature est un mot, comme la justice, on ne la connaît plus.

Revenons à la simplicité, observons les causes et les effets, ne mettons pas, comme à plaisir, des obstacles au libre développement de chacun et ne contraignons pas les vocations ni les aptitudes. Ne faisons pas un législateur de celui qui est né laboureur, un médecin de celui qui est né artisan, et ne laissons pas juges des capacités ou du mérite, ceux qui n'ont aucune compétence.

« La nature échoue toujours, si la fortune

lui est contraire, comme toute semence jetée hors de son terrain. Et si le monde observait les fondements que la nature pose, en s'appuyant sur eux, il y aurait des hommes meilleurs. Mais nous tournons à la religion celui qui était né pour ceindre l'épée, et nous faisons un roi de qui devait faire un prédicateur. Et c'est ainsi que nous marchons hors du droit chemin (1) ».

Présentement la justice, nom dont on se pare et dont on revêt toutes les élucubrations politiques ou sociales, n'existe pas et n'est pas applicable, étant donné que ce sont les plus forts et les plus habiles qui réussissent, étant constaté que le droit au nécessaire, le droit au travail, qui n'est que le droit à la vie, est mis en discussion; le droit à la paresse et aux spéculations honteuses est seul reconnu. Dès lors, comment punir ou réprimer les crimes sociaux, les révoltes contre la légalité, quand la légalité est la couverture de toutes sortes d'iniquités ? Chacun a raison de se défendre et d'employer tous les moyens propres à sa conservation. Les assassins et les voleurs qui réussissent sont honorés; à eux le pouvoir, les places, les bonnes prébendes. Ceux qui ne réussissent pas sont honnis, vilipendés, traînés sur la claie d'infamie. Et cependant,

---

(1) Dante.

on perçoit de tous côtés les grands mots de philanthropie, d'humanité.

Sous prétexte de philanthropie, on aboutit à des résultats extrêmement curieux. D'un côté, haines farouches, guerres, brigandages, spoliations entre *honnêtes gens*, entre nations, familles et individus; d'un autre, douceur, mansuétude, trésors d'indulgence et de miséricorde de ces mêmes *honnêtes gens*, depuis les rois *très chrétiens* jusqu'au dernier détenteur de la moindre parcelle de pouvoir, pour ceux que ces *honnêtes gens* ont coutume d'appeler des assassins, des pillards, des bandits, de sorte que plus on a la conscience chargée de crimes, plus on a chance de se faire une bonne situation aux dépens des véritables travailleurs, et plus les véritables travailleurs, en butte à la misère et au chômage, ont de semblables exemples sous les yeux, plus ils sont incités à devenir de francs coquins afin d'être nourris et logés gratis. Je ne veux citer qu'un exemple que tout le monde connaît, mais qu'il est bon de rappeler. Il faut toujours frapper sur le même clou, jusqu'à ce qu'il soit enfoncé... ou que le bois se brise sous les coups réitérés.

Voici donc un exemple de *philanthropie* qu'on peut généraliser et appliquer à toutes sortes de cas. Il s'agit de la Nouvelle-Calédonie :

« Après son annexion en 1853, la colonie commençait à prendre une certaine importance et les gouverneurs déployaient une louable activité pour aider au peuplement et tirer parti des ressources du pays. Mais la loi de 1864 ayant appliqué la peine de transportation aux anciens forçats, c'est la Nouvelle-Calédonie qui fut choisie pour remplacer les bagnes de Brest et de Toulon.

Par cette mesure, le Gouvernement éloignait du sol de la mère-patrie une population criminelle et dangereuse, et en même temps il croyait réaliser une utopie que l'on désigne couramment par l'expression de *colonisation pénale*. Sous l'empire de cette erreur grossière, mais très répandue, que ce sont les *convicts* anglais qui ont fondé l'Australie, on supposait que les forçats se transformeraient dans la suite en honnêtes colons... Ce n'était qu'un rêve...

« Aujourd'hui environ 7.500 forçats croupissent dans une oisiveté relative, sous l'égide d'une fausse philanthropie qui entraîne la négation de toute répression ; aucun châtiment ne saurait les atteindre, les punitions corporelles ayant disparu et certains condamnés ayant, par des jugements successifs, de 100 à 300 ans de travaux forcés à accomplir !...

« Quant aux libérés, privés pour la plupart, en faveur des condamnés, des concessions qui devraient leur revenir, ils errent à l'aventure, cherchant partout du travail. Bientôt réduits à la misère, ils retombent à la charge de l'administration...

« Les forçats ne sont pas régénérés, puisqu'ils continuent, dès qu'ils en ont la faculté, leur existence criminelle; ils ne sont pas punis, puisqu'ils travaillent à peine et que le séjour de la Calédonie est devenu l'idéal des prisonniers. Enfin, loin de coloniser, ils apportent par leur présence toutes sortes d'obstacles moraux et matériels à l'établissement des colons libres (1)... »

Il faut donc, pour que la justice ne soit pas un vain mot, que tous soient à même de vivre en travaillant. Quand on aura ôté tout prétexte de dilapidation, de concussion et de brigandage, quand chacun occupera la place qui lui convient, la justice pourra intervenir utilement et efficacement pour réprimer ou supprimer les irréductibles.

Il n'y a, dans toute société humaine, que des salariés; quelle que soit la forme du salaire, tous les hommes travaillent. Les paresseux et les inutiles doivent disparaître. Qu'on ne se méprenne pas toutefois sur mon idée; je ne fais allusion à aucune profession. Que le travail soit manuel, intellectuel; qu'on soit écrivain, poète, industriel, laboureur, artiste, chacun contribue, suivant ses aptitudes, à son propre bien-être et au bien-être général.

Je ne veux ni du socialisme d'Etat, ni du communisme, ni du bourgeoisisme. Je veux que

---

(1) La Transportation et la Colonisation (Charles du Peloux).

les justes seuls participent à la confection des lois et à la direction sociale.

L'Etat n'interviendra que pour assurer l'ordre et la liberté de chacun. Le budget social aura une caisse de prévoyance destinée à secourir les invalides ou les malades hors d'état de travailler. Toutes les associations seront libres, toutes les initiatives favorisées. Chaque corporation s'organisera comme elle l'entendra et sera entièrement libre dans sa sphère d'action. Les jurys d'examen fonctionneront concurremment avec le suffrage populaire réglé professionnellement de telle façon que le favoritisme et l'intrigue soient à peu près impossibles.

Le suffrage universel tel qu'il est organisé est une école de corruption et de vénalité : ce sont les médiocres et quelquefois les plus vils qui réussissent. Naturellement, comme toujours, il y a des exceptions, mais elles se font de plus en plus rares. A l'aristocratie nobiliaire a succédé l'aristocratie financière, et c'est toujours l'Argent qui est le maître ; avant le bourgeoisisme actuel, on avait les castes et les privilèges, mais il y avait encore l'honneur, honneur de caste, fiction, si l'on veut, mais enfin un préservatif ; aujourd'hui, il n'y a plus que le mercantilisme, sans l'honneur. Un Ordre nouveau, le plus oppressif, le plus tyrannique et le plus cynique s'est formé, développé et agrandi dans notre prétendue démocratie ; c'est celui des Politiciens, vils adulateurs de la plèbe qu'ils trompent et qu'ils exploitent sans vergogne.

Ecœurés, les honnêtes gens se détournent et se terrent, et ils sont les premières victimes de l'Hydre anarchique. Il est vrai qu'ils ne savent pas être libres ; ils ont créé des partis et ils ont affiché des opinions. Il n'y a pas, il ne doit pas y avoir de parti ni d'opinion. On est juste ou on ne l'est pas, et la justice ignore la secte ou le personnalisme.

Les questions à résoudre se résument en une seule : assurer le libre essor des facultés individuelles et les harmoniser avec le collectif social. C'est en somme et comme toujours, l'équilibre que l'on doit chercher.

D'un côté, l'Autorité de la raison, de l'autre, l'expansion libre de toutes les énergies, et partout justice distributive, économique et sociale.

Je n'entrerai pas dans l'examen des différentes conceptions nées dans une multitude de cerveaux, je n'émettrai pas non plus la prétention de résoudre d'un trait de plume le problème social. C'est l'affaire de la société des justes. Qu'ils s'unissent, se concertent et groupent leurs forces intellectuelles et pécuniaires. Qu'ils dessillent les yeux de cette pauvre humanité, au nom de laquelle tant d'utopies ont été imaginées et tant de crimes perpétrés. Qu'ils démasquent les faux philanthropes, les sophistes et les rhéteurs dont l'ambition consiste à s'élever eux-mêmes au-dessus de tous sans souci de personne.

Qu'ils refoulent les exaltés, les sentimentalistes, en un mot tous les déséquilibrés de la tête et du cœur; ils sont le droit, la sagesse, la justice, la science; il leur manque la force; qu'ils l'acquièrent. Qu'ils ne soient plus la *vox clamantis in deserto*; qu'ils agissent.

« L'essentiel, le permanent en histoire et l'objet possible, direct de la science, c'est l'homme, c'est l'humanité, la vie des sociétés et leur développement. Le reste n'est que l'écorce des choses. (1) »

Le but de la science et des efforts, c'est la réintégration, que doivent poursuivre invariablement tous ceux qui ont une intelligence et un cœur.

Les chefs inconnus se mettront à la tête du mouvement, quand tout sera prêt; l'œuvre de transformation sera méthodique, mathématique, inflexible; rien ne sera livré au hasard ou à la merci des événements; tout sera voulu, calculé, mesuré. Les mathématiciens d'abord, les poètes ensuite; ensuite le chant de délivrance, ensuite les cantiques de l'amour, de l'amour délivré de son bandeau légendaire.

---

(1) G. d'Avenel.

VIII

Quelle est, en général, la mentalité de ceux que préoccupe la question sociale ? Chacun, suivant sa situation, aristocratique, bourgeoise, prolétarienne, privilégiée ou heureuse, misérable ou précaire, émet des théories et des systèmes qui se ressentent de cette situation et révèlent tout de suite l'égoïsme ou le particularisme de caste ou de parti.

Examinons rapidement. Pour les uns, la question sociale, c'est-à-dire la question de l'ordre et de la liberté harmonisés avec le bien-être minimum auquel chacun a droit, a sa solution uniquement dans les réformes économiques : procurer à tous l'alimentation physique nécessaire. Il est vrai que c'est la première solution qui s'impose.

Pour les autres, il faut que les travailleurs seuls soient les maîtres et dirigeants. (Il est vrai que dans toute société humainement constituée, il ne doit y avoir que des travailleurs. Seulement par travailleurs, les uns ne comprennent que les ouvriers manuels, les autres comprennent tous ceux qui contribuent au développement social, sans distinction.) Il faut que chacun ne puisse posséder au-delà de ce qu'il peut conserver et protéger personnellement et effectivement.

C'est l'association avec ou sans immixtion de l'Etat; c'est encore l'individualisme mystique ou réel : chacun pour soi et tous pour chacun; formule vague.

D'autres trouvent que tout est bien; au plus fort la victoire; c'est la lutte pour la vie et le faible doit succomber.

On n'y peut rien; c'est dans l'*ordre naturel* des choses. On devine que c'est le parvenu, que la chance, le travail ou le plus souvent l'hérédité et l'agiotage ont favorisé, qui tient ce langage. Il ne songe pas que cette fortune, cette santé ou cette chance ne sont que fugitives et que lui ou ses descendants peuvent à tout instant les voir disparaître.

Pour ceux-ci, qui ne considèrent que la politique, l'autorité doit être prépondérante et empêcher tout écart, quel qu'il soit; on aboutit au despotisme et par suite on s'expose à une explosion, comme quand on ferme la soupape d'une chaudière. Quelques-uns la voudraient mitigée, mais ils ne savent comment; monarchie constitutionnelle, parlementarisme, république conservatrice, progrès modérés vers la liberté; mots et phrases sonores qui ont eu leurs succès, mais qui n'en ont plus; on a vu tous les modérés, tous les *juste-milieu* à l'œuvre. *Par le peuple et pour le peuple*, clament les flagorneurs et adulateurs de pauvres gens qui les ont écoutés et qui n'en veulent plus ; ce sont les plus effrontés pillards qu'aient vu naître le siècle.

Ceux-là enfin veulent la liberté individuelle sans limite, avec absence de toute autorité, parce que la tendance de toute autorité est l'étouffement de tout essor et l'escamotage des libertés sous le prétexte toujours facile à trouver de mettre un frein à la licence, à l'anarchie qui est l'écueil de cette liberté, comme le despotisme est l'écueil de l'autorité, comme le suffrage universel est le mensonge dissimulé de la souveraineté populaire. Il est vrai que pour les hommes possédant la connaissance, justes, forts et droits, l'autorité est inutile, et l'idéal de la société et de l'individu est la liberté absolue, quand cette société ne comptera dans son sein que des hommes semblables ; cela viendra peut-être, mais en attendant on peut considérer cet idéal comme une utopie. Mais il ne s'agit pas de limiter la liberté ; au contraire, il faut l'élargir de plus en plus ; il s'agit simplement de protéger les faibles de bonne volonté contre les entreprises des violents.

Il faut harmoniser ces deux pôles nécessaires et qu'on ne peut détruire, car ils sont l'essence même de l'homme solitaire ou social ; *autorité* et *liberté* dans la collectivité, *volonté* et *passions* dans l'individu.

Qui doit détenir l'autorité? Comment recruter les dirigeants (mot impropre et qu'on doit remplacer par *prévoyants*)? Telle est la question qui se pose.

J'ai dit et je maintiens que l'homme juste, éclairé, possédant la force, est seul capable d'assurer à chacun l'exercice de ses droits et de sa liberté, d'amener l'ordre et de faire rendre gorge aux faux prophètes, aux faux démocrates, aux usurpateurs de tout rang et de toute catégorie. Où est cet homme, où sont ces hommes? *On ne les connaît pas, mais ils existent,* et comme on sait, il y a une loi qu'on ne peut méconnaître et qui est de tous les temps et de tous les lieux : c'est la nécessité qui fait naître et développe un organe, une fonction.

Les excès de la Révolution ont fait naître Napoléon; les excès du despotisme ont fait naître la République; les excès actuels de chacun, le désarroi général qui règne dans les idées et dans les faits feront surgir l'homme nécessaire.

Quand on a essayé de tout, quand on est las de tous les systèmes, quand tout est usé d'un bout de la terre à l'autre, une mentalité nouvelle se forme, sourdement, secrètement, elle grandit, elle se précise, elle est prête enfin; on appelle un homme, une chose, une institution; on sent que les mots, les théories, les discours, les philosophies, le verbiage, ont perdu leur efficacité, on n'en veut plus; on demande des actes et des hommes nouveaux qui rassurent le monde des penseurs sincères, des humbles et des souffrants irrités ou résignés.

Nous sommes arrivés à cette époque : l'homme ou les hommes que les circonstances appellent paraîtront et ils auront pour eux tous ceux qui ont bonne volonté. Leur action sera douce, mais ferme, ils ne gouverneront pas, ils seront seulement des prévoyants, préparant à tous les voies et moyens. Ils ignoreront les divisions, les sectes, les partis ; ils ne feront pas de vains discours, ne se livreront à aucune discussion inutile en temps de crise ; ils agiront et marcheront droit devant eux, renversant tous les obstacles, réduisant toutes les mauvaises volontés, frappant d'impuissance les agités et les ambitieux.

Ils auront les pouvoirs psychiques nécessaires.

IX

Rien n'est respecté, parce que rien n'est respectable. La dignité est une vertu qu'on a déguisée sous les noms d'orgueil, de vanité et d'amour-propre ; l'humilité a été confondue avec l'aplatissement ; l'obéissance à la loi a été prise pour de la lâcheté ; le courage et la persévérance se sont parés du masque de la témérité folle et de l'obstination imbécile. On s'est grisé de mots, de phrases et de rhétorique ; on a pris pour de l'éloquence ce qui n'est que faconde ; un calembour, un bon mot, une plaisanterie ont fait la fortune des sots. Philosophie, religion, science, ont eu leurs coryphées parmi les pédants, les balourds et les mystagogues. La morale et les mœurs ont sombré sous l'hypocrisie et le cabotinage. On ne sait plus rire ni pleurer à propos ; on n'éprouve plus de plaisirs sains, d'émotions vraies ; le factice a remplacé le naturel, la caricature a envahi l'art, la fiction a inspiré le dégoût du réel. Le monde est une scène où se joue le drame de l'amour, la comédie de la fraternité, la parodie de l'équité. Les acteurs se parent de tous les masques, revêtent les formes les plus exquises ou les plus burlesques ; tour à tour Apollon, Hécate, Éros, Atropos, Arlequin, Pasquin, Gobsec, Petit-Maître, l'*artiste* humain s'affuble de tous les noms, de toutes les vertus et de tous les vices.

Il caresse en égratignant, il joue avec sa victime qu'il couvre de fleurs ; il se vante, se méprise, s'adore ou se hait ; il ignore et se targue de son ignorance ; il est vain et fier de son néant ou de ses chimères. Il est jaloux de toute supériorité, il attaque tout ce qui le dépasse ou dénature et raille ce qu'il y a de plus saint.

« Un génie s'élève si grand au milieu des siens qu'il devient la victime de leurs passions jalouses. Le moindre messie doit être un martyr. Quelques rares apôtres perpétuent seuls plus ou moins parfaitement ses enseignements ; mais c'est par ses adversaires surtout qu'ils sont répandus en fragments isolés, incohérents, opposés ; puis ces adversaires divisés par ces dépouilles mêmes entrent en lutte, se réforment par leurs attaques réciproques et finalement reproduisent comme malgré eux, après plusieurs siècles, la synthèse qu'ils ont méconnue et brisée. » (1).

N'est-ce pas la caractéristique de la foule, de la masse, de l'humanité mélangée ?

Oh! Je comprends et j'excuse cette folie de la croix, chez les chrétiens, cette amertume chez les penseurs, ce mysticisme chez les âmes éprises du beau, cet âpre désir chez les esprits d'élite de rompre avec tout ce qui est banal, mensonger et faux, de chercher ailleurs des satisfactions que le monde des pantins ne peut leur donner.

C'est à ces esprits, en qui tout ressort n'est pas brisé, que je m'adresse, c'est à tous ces exilés, à ces isolés de la terre que je viens montrer le but réel de la vie.

Ils manquent de confiance parce qu'ils ont été trompés ; ils repoussent tout présent, parce qu'il leur paraît suspect ; ils se replient sur eux-mêmes et ne se livrent plus à l'homme, parce qu'ils ne connaissent pas l'homme.

L'œuvre de division et de haine s'est accom-

---

(1) F.-Ch. Barlet.

plie; la méfiance est partout; la pensée n'a plus de boussole; on doute de tout et de soi-même surtout.

Aussi qu'arrive-t-il? Le théâtre du monde est devenu la proie de tous ces êtres inférieurs, visibles et invisibles, qui ont profité de l'abdication de l'homme-roi, pour se ruer sur ses possessions et en faire ce que nous voyons : un chaos.

La vérité est noyée dans le rêve, la fiction, la fantasmagorie. On prend le reflet pour le rayon, l'ombre pour la lumière.

« Démêler le rayon direct du reflet, telle est l'œuvre de l'initié », (1) de celui qui est décidé à écouter en lui le verbe éternel, humain et divin, « qui est à la fois l'être et l'action (2).

Ouvrez les yeux, vous qui souffrez; vous ne voulez ni ne pouvez être complices des tortionnaires; vous repoussez les fripons et les imbéciles; il vous manque l'énergie dans l'âme, la clarté dans l'esprit pour combattre et pour discerner.

Je vous offre ce que j'ai glané dans mes pérégrinations à travers la pensée; j'offre à tous mes idées, mes désirs, les fruits de mes méditations, qu'on me loue, qu'on me blâme, qu'on accepte ou qu'on rejette, je n'en ai nul souci.

---

(1) Éliphas Lévi.
(2) J. de Maistre.

Je fais fi de la gloire, je nargue la critique ; je ne crains ni les sots ni les envieux, ni les sectes ni les partis.

Libre je suis, libre je reste. Qu'on me suive ou qu'on me laisse, qu'on m'admire ou qu'on me dédaigne, j'irai toujours droit devant moi vers le but que je montre à tous : la vie intégrale ici même sur terre.

Je ne redoute pas la mort ; je la connais ; elle n'est qu'un épouvantail pour les niais et une arme pour les ambitieux.

Je ne tremble devant rien ; ma conscience est tranquille.

J'écris ces lignes loin du bruit, loin de la mêlée humaine.

Je suis calme et reposé ; c'est en pleine nature, sous la voûte azurée, le regard fixé sur l'horizon, que je jette ces pensées.

J'ai bu à la coupe de la vie ; elle ne procure ni l'ivresse ni le sommeil ; elle donne la vigueur à celui qui en manque et elle apaise les sens.

Je ne connais ni la haine ni la vengeance ; froidement, mais inflexiblement, je stigmatiserai la fausseté, je démasquerai l'imposture toujours et partout.

Selon mon pouvoir, je réconforterai le faible, je soulagerai l'infortune vraie, sans autre ambition que celle de faire le bien pour le bien.

Mais je serai circonspect et saurai distinguer

la misère imméritée de la mendicité éhontée. Faire le bien sans discernement, ce n'est pas faire le bien, parler de charité à tout venant, c'est favoriser l'hypocrisie.

Réparer les torts d'une société déliquescente, relever et encourager les opprimés, c'est faire œuvre de justice ; c'est la paralyser, c'est la compromettre, c'est aggraver le mal que de s'apitoyer sur le sort de ceux qui ont prévariqué en connaissance de cause et d'implorer pour eux le pardon.

Le pardon est un outrage, même pour le coupable.

Le repentant est celui qui demande à réparer et tout ce qu'on lui doit, c'est de lui en fournir les moyens.

Le coupable qui accepte une grâce sans compensation est un faiseur de dupes qui continuera ses exactions; celui qui croit au repentir du coupable ainsi grâcié et qui n'exige pas de gages est un niais ; il se fait du tort à lui-même, ce qui est son droit ; mais il fait un tort immense à la société, ce qui n'est plus son droit.

C'est avec ces grands mots de charité, d'amour, de sacrifice, jetés à tort et à travers, qu'on a divisé le monde en deux parties : les dupes et les fripons, et ce sont les fripons qui se parent les premiers de ces beaux noms.

C'est parce que j'aime les bons et les justes, ces éternelles victimes, que je les mets en garde contre le sentimentalisme qui, sans la justice et sans la force, n'est qu'une sottise habilement entretenue par les aigrefins de toutes les castes.

O cette justice immanente, o cette fraternité, o ce baiser de paix !

Patientons encore. Tout viendra à son heure.

J'en ai la certitude et c'est cette certitude que je voudrais faire partager à ceux qu'une trop longue souffrance ou de cruelles déceptions ont lassés, mais non brisés.

Qu'ils se lèvent donc et qu'ils secouent leur torpeur ! Qu'ils s'unissent ; qu'ils unissent toutes leurs forces, toutes leurs facultés, tous leurs moyens et ils vaincront.

TABLE DES MATIÈRES

                                                                               Pages.

Chap. I. LA LIBRE RECHERCHE.— Exposition du sujet. — Le catholicisme. — *L'Esprit consolateur*. — Essai de spiritisme expérimental. — Perplexité   1

Chap. II. L'ÉQUILIBRE. — Les puissances de l'être. — L'humanité souveraine. — L'idéal. — Matérialistes et spiritualistes. — L'organisme. — Les fonctions organiques. — Le cadavre. — Les états psychiques. Les phénomènes psychiques. — Radiographie physique, chimique, mécanique. — La survivance   19

Chap. III. LE PHÉNOMÈNE PSYCHIQUE ET LE SPIRITISME. — Médiums et sensitifs. — Caractères des manifestations. — Partie expérimentale du spiritisme. — Télépathie. — Hypnotisme et médiumnité. — De l'identité. — La réincarnation. — Partie doctrinale du spiritisme. — La société spirite. — Dangers de la médiumnité. — Les groupes. — Types spirites .   51

Chap. IV. L'OCCULTISME COMPARÉ. — La tradition. — Involution et évolution. — Les êtres invisibles, leur rôle, leur but. — La terre, séjour naturel. — L'occultisme occidental et les écoles d'occultisme. — Les états de l'homme. — La genèse. — L'homme esprit, l'esprit homme. — La réintégration selon les occultistes occidentaux. — La mort. — Les divergences de vue. — La communication avec les Esprits et les Morts. — Le caractère de l'occultisme oriental et son rôle. — Laboratoires psychologiques. — L'alchimie. — Divination. — Clairvoyance. — Miroir magique. — Magie cérémonielle. — Actif et passif. — Le vrai occultiste — L'histoire. — L'exploration occulte. — Occulto-spirites et sectes religieuses. — Les Mystiques. — Le plan de la nature. — Les métamorphoses et le darwinisme. — Les causes de la mort. — L'immortalité. — Les aphorismes ataviques. — Le paradis perdu 105

Chap. V. LA RÉINTÉGRATION. — La tradition et la logique. — L'homme pivot de la nature. — La chute. — Dieu est en nous. — Le mal. — Bactériologues et causes invisibles. — La vie ou la mort. — La résurrection. — Le règne de la

Justice. — Les politiciens et le problème social. — L'ordre et l'harmonie. — Appel aux justes 243

PARIS

Société Anonyme des Imprimeries Techniques Francis LAUR

8, rue du Débarcadère, 8

Documents manquants (pages, cahiers...)
NF Z 43-120-13

www.ingramcontent.com/pod-product-compliance
Lightning Source LLC
Chambersburg PA
CBHW071248160426
43196CB00009B/1206